JN084628

大学生のための ⟶

# 実践 キャリアデザイン

藤木清
KIYOSHI FUJIKI

竹田茂生 編
SHIGEO TAKEDA

PRACTICAL
CAREER DESIGN
FOR
COLLEGE STUDENTS

Kurosio くろしお出版

# はじめに

　私たち現代日本人の平均寿命はおよそ80歳です。私たちは、社会の成員の一人として生き続け、人生の半分かそれ以上の時間を組織の中で職業人として過ごすことになります。仕事を通じた人生について積極的に構想し、設計することがとても重要です。このことを「キャリアデザイン」と呼びます。

　前著『夢をかなえるキャリアデザイン』を2011年に刊行してから10年以上が経過し、その間、世の中は大きく変化しました。日本社会のグローバル化が進展し、多くの外国人が日本を訪れるようになりました。その後、コロナ禍の影響によりインターネットを用いた会議システムが普及し、在宅勤務が可能になり、移動せずとも海外の人々と交流したり仕事したりすることが可能になりました。また、AI技術やロボティクスの実用化が進み、これまで人の手によって行われてきた仕事がロボットに置き換わり始めました。明らかに世の中の仕事が変わりつつあります。

　さらに、少子高齢化が進展して子どもの数が減少する一方、元気な高齢者が増え人生100年時代が到来しています。それに対して、社会の変化についていけない企業は退場を余儀なくされ、企業よりも個人の方が長生きするという現象も見受けられます。大企業だから安泰というわけにはいかなくなり、その結果、日本的経営といわれる終身雇用や年功序列などの制度が見直さざるを得ない状況です。

　このような環境の変化に対応するため、キャリアデザインについて、学生は大学時代に何を考え、何をなすべきかを再検討し、本書に生まれ変わりました。全体の流れはおおむね前著を踏襲していますが、前述の環境変化を踏まえて全面的に改稿し、さらに章の入れ替えや追加を行いました。特に終盤は就職活動の準備に、より実践的に使用できるような内容に改めました。

　一人でも多くの読者が、自分らしく生きていけるように、そして、自分のことを自身の言葉で説明できるように、自ら考え行動していただくことができれば本望です。

藤木　清

# 目　次

# 本書の使い方

## ◆本書の構成と使い方

　本書の大きな特徴は、2つあります。まず第1に、各章にはワークシートを設けています(巻末にまとめて収録)。それぞれの課題を自分で考えることによって、皆さん1人ひとりの個性あるキャリア(仕事を通した人生)をデザインすることができるでしょう。

　そして、第2の特徴は、各章の冒頭にシナリオがあることです。シナリオの主人公は3人の蓮浦大学の大学生です。彼らは、皆さんと同じテーマについて考え、何かに気づき、あるいは悩んだりしていきます。

　本書で登場する3人の学生たちもそれぞれ異なった仕事観や将来像を持っています。3人が皆さんにとって、比較の対象になる「意味ある他者※」や「反面教師」になることで、皆さん1人ひとりのキャリアデザインのお手伝いができることを願っています。

　※意味ある他者：個人の成長に影響を与える人物。「〜のようになりたい」といった個人に影響を与える人物のことをいう。

## ◆本書の登場人物

橋田太一、佐々木葵、遠藤慎吾は、今年新2年生。彼らは蓮浦市の郊外にある蓮浦大学のテニスサークルに所属しています。彼らは、大学の授業、サークル活動、アルバイトと、忙しい毎日を過ごしています。最近、サークルの4年生の先輩たちの会話は、就職活動の話題で持ち切りです。「君たちも、早く考えておいた方がいいぞ」とよく言われます。OB訪問で、社会人の先輩から、「うちの大学は郊外にあって、みんなのんびりしているからなあ」って、何度も聞かされたそうです。そういわれても、3人はまだピンときていないようです。

橋田太一
(社会学部)

将来はゲームプロデューサー。これに決まり。

佐々木葵
(文学部)

将来は通訳とか英語教師とか、英語を使う仕事がいいな。マスコミもいいかなあ。

遠藤慎吾
(経営学部)

将来はよく分からないな。親には「公務員になれ」っていわれるけど。まだ、考えなくていいんじゃないの。

金田八郎先生
(経営学部教授)

仕事や人生の考え方は十人十色、様々ですね。大切なことは変化への対応です。

## 本書の構成

　本書は2部構成になっています。前半は「社会と仕事」のステージです。皆さんの視野を広げたり、視点を変えたりしながら、会社や仕事のこと、そして社会のことを学習していきます。後半は「個人と仕事」のステージです。自分の個性に気づき、その個性を活かせる仕事や職業は何かということを考えていきます。11章まで学んだことをベースにして最終課題(p.157)に取り組みます。

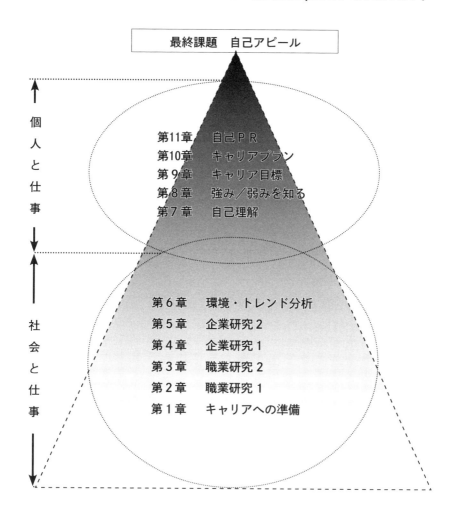

# 第1章

# キャリアへの準備
## ―未来の夢を描こう―

🔑 Keyword

キャリア
職業の選択肢

**本章のねらい**

豊かな人生を送るためには、社会人として自立できることが大事です。大学時代は、社会人として自立する力、活躍する力を身に付ける最後の学習機会です。私たちは働くことなくして社会人として自立することはできません。この章では、よい仕事を見つけるために準備すべきこと、学生時代になすべきことを学びます。

## 先輩はどんな仕事をしているのかな ―テニスサークルの OB 会で―

　蓮浦大学テニスサークル「ラビリンス」では、毎年 1 月に OB 会を開催している。今年も例年どおり先輩を招いて食事会を開いた。すでに社会で活躍している先輩たちと部員たちの間で話が盛り上がっている。

　遠藤慎吾、佐々木葵、橋田太一のグループは、総合飲料メーカー「株式会社宇治苑」に勤める先輩、岩田剛と、大手ディベロッパー「四井不動産株式会社」に勤める先輩、金井拓哉を囲んで仕事の話で盛り上がっていた。

　岩田剛は、CM 制作の現場に立ち会ったときの話だった。1 つの商品のために徹夜で CM の企画書を書いたこと、たった 15 秒の CM なのに、妥協せず何度も撮り直したことなどを話してくれた。一方、金井拓哉は、「ショッピングモール蓮浦」を開発したときの話。苦労も多かったが、オープンにこぎつけたときの感動は大変なものだったとか…。

### 岩田剛先輩の話 ......................................

　今回はこれまでと違った新製品開発。1 年ほど前、初めて先輩の佐藤主任が責任者に抜擢された。日頃、佐藤主任にはお世話になっているので、自分のことのようにうれしくて、絶対に役に立ちたいと思っていたんだ。清涼飲料水のカテゴリーで新しい味覚の商品開発という課題だった。ターゲットは働く若い女性。コンセプトは「ヘルシーでピュアな体をとりもどす」ということに決まった。何度も企画会議を重ねて、徹夜で企画書の完成にこぎつけた。コンセプトのために、世界中からフルーツを取り寄せ、やっと東南アジア産の酸味の効いた赤い果実が選ばれた。

それから試作品作りに明け暮れて、ようやく半年後にOKが出たときは感動したよ。山本部長が社長にプレゼンし、ゴーサインが出された。CMには、エッセイストとしても有名なタレントの仲田雪江が起用されることになった。コンセプトに近いタレントを独自で調査して決めたんだ。実際の制作の現場はプロとプロの戦いって雰囲気だったけど、先輩は堂々と自分の意見を通して、CMの監督と議論を重ね、納得できるまで何度も撮り直しを提案した。かっこよかった。ぼくも、いつかは自分の商品を持って、バシバシやりたいと思った。

**金井拓哉先輩の話** ...........................................................................

　うちの会社で、3月に駅前に竣工した「ショッピングモール蓮浦」の開発を手がけた。この地域で戦前から映画館などを経営していた銀映社から、3年前に受注したらしい。このモールは、「空中オアシス」のコンセプトで開発が進められた。中央の吹き抜けを中心に、6階までらせん状にショップが続いている。最上階は、3つの映画館とアミューズメント施設が設置されている。

　ぼくもこのプロジェクトのメンバーに加えてもらったんだ。一番若くてペイペイで教えてもらうことばっかりだったけど、大規模商業施設の開発は、すごい迫力だった。設計事務所やゼネコンっていわれる大手総合建設会社、そのほか、ものすごく多くの企業や専門家が集まって作り上げていく。家族と一緒にオープンセレモニーを見に行った。「これはぼくが作ったんだ」って叫びたい気持ちになったね。

・・・・・・・・・・・・・・・・

　先輩たちの臨場感あふれる現場の話を聞いた遠藤、佐々木、橋田の3人は、キャリアに強い関心を抱いた。それぞれ口には出さなかったが、先輩たちが輝かしく見えた。それに、今まで自分たちが持っていた総合飲料メーカーや不動産会社のイメージとは全く違うことに感動した。そして、3人は共通の思いを抱いた。「自分たちは、会社や仕事のことをどれだけ知っていたんだろう」。

岩田先輩や金井先輩の話で、実際の仕事の具体的なイメージがつかめましたね。

　　しかし、具体的に想像できる職業はほんの少しでしかありません。職業について知識を深めようという姿勢は、将来の自分自身のキャリアをデザインする上でとても重要なことです。どのような態度で臨むべきかについても考えてみましょう。

金田八郎先生

## 1.1 "学び" について考える

　皆さんは、生まれてから高校卒業までの間に多くのことを学び、さらに今、大学でも学んでいます。そもそも "学ぶ" ということの意味は何でしょうか。"何のために学ぶ" のでしょうか。

　いろいろな解釈がありますが、『デジタル大辞泉』(小学館)では、以下のように説明されています。

① 　勉強する。学問をする。
② 　教えを受けたり見習ったりして、知識や技芸を身につける。習得する。
③ 　経験することによって知る。
④ 　まねをする。

　"学ぶ" と言っても、いろいろな意味、方法がありますね。

　私たちは、授業や書籍からのみ学ぶわけではありません。遊びや習いごと、課外活動や趣味、さらには日常の生活を通じて、多くのことを学んでいます。では一体、私たちは何のために学ぶのでしょうか。

　野生の動物の子ども、たとえばライオンの子どもは、ある時期までは母親の手厚い庇護のもとで育ちますが、親や兄弟とじゃれ合うことで敵を攻撃する方法や身を守る方法を学びます。母ライオンは、ある時期までに獲物を捕る方法や身を守る方法を教え終わると、その時期を境に、子どもたちを家族ではなく獲物を奪い合うライバルとして扱い、自分のもとから遠ざけるようになります。昨日まで優しかった母親の突然の変化、豹変ぶりに、当初、子ライオンたちは大いに戸惑いますが、やがて自立するべき時期が来たことを悟り、親元から旅立っていきます。

　子どもライオンたちは、親の庇護があるうちに自立する力を学習しますが、親の庇護から離れると、自立する準備ができている者は生き残って自らの家族を作り、そうでない者は淘汰されていきます。ライオンに学校はありませんが、日常の活動を通じて自立するために必要な力を学習しています。

　幸いにも、私たち人間はライオンと全く同じというわけではありませんが、大学を卒業する時期は、子ライオンが親元を去って自立する時期と同じと言えます。そして、大学時代は、社会人として自立できる力を身に付ける最後の準備・学習期間なのです。現時点までに学習して身に付けた力は人それぞれと思

いますが、今までの自分をふり返り、卒業後に自立するために必要な力を学修することを意識して、目的を持った意志ある大学時代を送り、卒業後の人生を楽しむための準備をしましょう。

## 1.2 "キャリア"について考える

　一般的に"キャリア"と言えば、仕事・経歴・就職・地位などの意味で使われることが多いと思います。大学にもキャリアセンター、キャリア支援課という部署がありますので、学生の皆さんにとっては、"キャリア＝就職、就活"というイメージが強いのではないでしょうか。しかし、本書では、もう少し高い視座からキャリアという言葉を考えたいと思います。

　キャリアという言葉は、使い方によっていろいろな意味で使われています。以下の例文をもとに、キャリアが示すいろいろな意味を考えましょう。

**例文 1.「営業としてのキャリアを積む」**
　　　この場合、キャリアは、「職歴」「経歴」「経験」「実績」という意味で使われています。
**例文 2.「看護師のキャリアを活かす」**
　　　この場合、キャリアは、「職業」という意味で使われています。
**例文 3.「自分のキャリアプランを立てる」**
　　　この場合、キャリアは、「働き方」や「生き方」という意味で使われています。

　厚生労働省では「キャリア」を次のように定義しています。
・一般に「経歴」「経験」「発展」さらには、「関連した職務の連鎖」等と表現され、時間的持続性ないし継続性を持った概念
・「キャリア」は職業経験を通して、「職業能力」を蓄積していく過程の概念
　　　　　　　　　　（https://www.mhlw.go.jp/houdou/2002/07/h0731-3a.html）
　また、文部科学省における「キャリア」の定義は次のとおりです。
・個々人が生涯にわたって遂行する様々な立場や役割の連鎖及びその過程における自己と働くこととの関係付けや価値付けの累積

（https://www.mext.go.jp/b_menu/shingi/chousa/shotou/023/toushin/04012801/002/003.htm）

いずれも難しい表現ですが、共通していることは、キャリアとは、「一過性の実績や成果ではなく、仕事における個々それぞれが果たす役割や働く意味」と定義していると言えます。

言い換えると、キャリアとは、「就職」とか「仕事の実績」という結果をいうのではなく、「働くことにおける継続的なプロセス」、もっと言えば、「個人の生き方」と定義されていると言えます。

そこで本章では、「キャリアの準備」とは、「**卒業後の人生を楽しく生きるための準備**」と定義します。

## 1.3 ▶ 未来（卒業後）の夢を描こう

世界を舞台に活躍するあるサッカー選手は、小学校の卒業文集で、「ぼくは大人になったら世界一のサッカー選手になる。ワールドカップで有名になって、ヨーロッパのセリエ A のレギュラーになって背番号 10 番で活躍し、年俸 40 億円ほしい」という将来の夢（目標）を書いています。また、アメリカのメジャーリーグで活躍する日本人選手は、高校 1 年生のときに、マンダラートと呼ばれる目標達成用紙の中心に「ドラフト 1 位指名 8 球団」という高校卒業時の目標（夢）を掲げています。

近年、スポーツの世界や将棋の世界、あるいは芸術や芸能界などで皆さんと同年代あるいはもっと若い世代の方々の活躍が見られますが、彼らは偶然現在の地位を築いたのではありません。早い人は 3 歳くらいから、現在の結果につながる経験と努力（好きなことに熱中しているので、本人は努力している意識はないかもしれません）を積み重ねています。

では、なぜ彼らは、そのような経験や努力ができたのでしょうか。それは、きっかけや理由は様々ですが、彼らには、「何としてもかなえたい夢や目標があった」からにほかなりません。今、この本を読まれている皆さんの中にも、「何としてもかなえたい明確な夢や目標」を持っている方がいると思いますが、夢や目標を見つけられなくて悩んでいる方も多いのではないでしょうか。

先に、「大学時代は、社会人と自立できる力を身に付ける最後の準備・学習

期間」と書きましたが、大学時代は、卒業後の人生の夢を見つける期間でもあります。次項では、夢を見つけるためになすべきことを考えていきましょう。

## **1.4** 卒業後の夢（目標）を見つけるためになすべきこと
　　　　 ─社会を知り、夢の選択肢を増やす─

　卒業後、社会人として自立するためには、働くことが必要ということは先に述べましたが、どんな仕事に就きたいかを考える上で大事なことは、「どんな人生を歩みたいか」について考えることです。「地元で家族や友人と暮らしたい」「お金持ちになりたい」「他者から感謝される人になりたい」「世界中を旅行したい」「世の中の困っている人を助けたい」「人を感動させたい」「起業したい」「趣味を極めたい」などなど。どんなことでもよいので、人生で実現したい夢を持つことは、毎日の生活が充実し、人生を豊かにしてくれます。夢や目標は、皆さんの成長や環境によって変わることがありますので、今現在考えられる夢を考えてみましょう。大事なことは、今の自分に手が届く範囲の夢を考えるのではなく、「実現可能かどうかに関係なく、かなえたい夢（生き方）」を考え、「なぜその夢か？」という理由を、できるだけ具体的に考えることです。その夢がある程度明確になれば、「その夢を実現するために必要な働き方は何か」についても答えが明確になっていくと思います。

　ほとんどの皆さんは、幼い頃に、「将来なりたい仕事（夢）は何？」と聞かれた経験があると思います。皆さんは何と答えたか覚えていますか。

　ランドセルの素材メーカーである株式会社クラレが、2022 年 4 月入学の小学生 1 年生 4,000 人（男女・各 2,000 人）に実施した、将来就きたい職業に関するアンケート結果を見ると、**図表 1−1** のとおりでした。

　一方、株式会社 PLAN-B が発行する情報誌エラベルが、2021 年 11 月に社会人 1,231 人（男性 409 人、女性 822 人）を対象に行った、「大人がなりたい職業に関するアンケート」では、**図表 1−2** のような結果になっています。

　なぜこのような違いが生まれてくるのでしょうか。答えは簡単です。それは、子どものときに知っている職業は、きわめて限定的な、日常接したことがある職業でしかないため、選択肢に限界があるからです。大人になると活動範囲や視野が広まるので、様々な職業が選択肢に加わるのです。

| 図表 1-1　小学生が将来就きたい職業 | | | |
|---|---|---|---|
| **男子** | | **女子** | |
| 1 位 | 警察官 | 1 位 | ケーキ屋・パン屋 |
| 2 位 | スポーツ選手 | 2 位 | 芸能人・歌手・モデル |
| 3 位 | 消防士・レスキュー隊 | 3 位 | 花屋 |
| 4 位 | 運転士・運転手 | 4 位 | 医師 |
| 5 位 | 研究者 | 5 位 | 警察官 |

出典：クラレ「将来就きたい職業」https://www.kuraray.co.jp/enquete/2022

| 図表 1-2　大人がなりたい職業トップ 10 | | | |
|---|---|---|---|
| 1 位 | ライター | 6 位 | 投資家 |
| 2 位 | 公務員 | 7 位 | 看護師 |
| 3 位 | 医師 | 8 位 | Web デザイナー |
| 4 位 | YouTuber | 9 位 | プログラマー |
| 5 位 | 薬剤師 | 10 位 | 教師 |

出典：エラベル「YouTuber ？エンジニア？令和時代の大人 1231 人のなりたい職業ランキング TOP10 ！」
https://elabel.plan-b.co.jp/job-change/6423/

　皆さんの中には、好きな食べ物を自由に選べるビュッフェスタイルのレストランに行かれた方もいると思います。10 種類の料理から選ぶレストランと、100 種類の料理から選べるレストランでは、どちらのレストランの方が美味しいものが見つかる可能性が高いかは明白だと思います。

　さて、皆さんは現在、どれくらいの職業、職種をご存知でしょうか。子どもの頃には知らなかった職業をいくつ言えるでしょうか。卒業後の夢を見つけるために大学時代になすべきことは、世の中のことを知り、世の中にある職業について知り、夢の選択肢を増やしていくことです。このことを理解していただいた上で、選択肢を増やす方法について次章以降で学んでいきましょう。

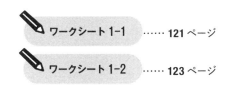

ワークシート 1-1 ……… 121 ページ

ワークシート 1-2 ……… 123 ページ

# 第 2 章

# 職業研究 1
── ライフデザインと職業について ──

## Keyword

なぜ働くのか
職業と働き方
求められる能力
ライフデザイン

**本章のねらい**

人はなぜ働くのでしょうか。職業や働き方は多様化し、会社で求められる能力も仕事や立場で変わります。職業とライフデザインについて学習します。

## 職業はどうやって決めればいいだろう ―OB会を思い出して―

　遠藤慎吾は、橋田太一、佐々木葵の2人と学生食堂で、この前のOB会のことを思い出しながら、将来のことを話し合っていた。遠藤は、橋田と佐々木がどんなことを考えているのかを聞いてみた。

　佐々木は、「通訳になりたい」と言う。中学の頃から外国映画が好きで、英語を使う仕事をやってみたいと思っていた。最近は、テレビの報道番組を見たときに同時通訳の女性がとても素敵だったので、ますます憧れている。

　橋田はヒットしたテレビゲームの大半を攻略しているほどのゲーム好きだ。「将来は、大手ゲーム機メーカーの『南天堂』で新しいゲーム機を開発したい」と熱く語った。

　そういえば、OB会で、『四井不動産』の金井拓哉先輩は、小さいときから地域開発に関心があったと言っていた。『宇治苑』の岩田先輩も、子どもの頃からの願いを就職につなげた、と話していたっけ…。

・・・・・・・・・・・・・・・・・・（回　想）・・・・・・・・・・・・・・・・・・

金井：ぼくは地方都市で育った。たまたま、冬季オリンピックが開催になり、大規模な開発が行われた。駅はとてつもなく大きくなり、駅前の道路が拡張され、ショッピングモールもあっという間に整備された。地方の田舎生活が一変した。街が変われば、文化も変わり、生活スタイルも変わる。とっても感動した。だから、地域開発に興味を持ったんだ。いつかは後発国の地域開発に取り組みたいと思っている。

岩田：ぼくは、はじめは食品関係とは決めていなかった。何となくマスコミ関係がかっこいいと思っていた。しかし、いろいろ就職活動を始めていくうちに、人の健康に関係する仕事もいいかなと思うようになったんだ。テニスのサークル

に入ったのも、健康でありたいと思ったから。小さい頃は、体が弱い方だったからね。「人の健康的な生活に貢献する」という、宇治苑の企業理念に共感して、この会社に入りたいと思ったんだ。

・・・・・・・・・・・・・・・・・・・・・・・・・・・・・・・・・・・・・・・・・・

　先輩たちの話を思い出した遠藤は、友人の２人に比べて、自分が将来のことを真剣には考えていないことに不安になった。「橋田も佐々木も、まだ２年生なのにもう考えているのか。先輩たちも子どもの頃から考えていたというから、ぼくもそろそろ考えないと…。どうしようかな。親からは『公務員になったら』と言われているけど…。」

> 　１つ１つの職業について詳しく調べてみることは大切です。しかし、膨大な数の職業のすべてを調べるわけにはいきません。職業の構造や体系について学ぶことによって、効率的に探索することができるでしょう。
> 　また、会社の中にはたくさんの職種や役職があります。そして、多くの人は長い年月の間にいろいろな職種や役職につき、役割が変化していきます。役割の変化とライフステージとの関わりを理解しておくと、将来のキャリアデザインを描くのに役立ちます。

金田八郎先生

人はなぜ働くのか

　人はなぜ働くのでしょうか。収入を得て自立するため、家族を養うため、趣味など豊かな暮らしがしたいためなど ①「経済的な目的」で働くと多くの人が答えます。また、やりがいのある仕事だから、仕事でノウハウを得たいから、その組織に所属して働きたいからなど ②「仕事そのものが目的」で働くという答えや、仕事を通して自分を高めたい、自己実現のためなど ③「自分を高める目的」で働くという答え、社会人として働くのは当たり前、社会の役に立ちたい、社会貢献をしたいなど ④「社会との関わりを持つ目的」で働くと答える人もいます。人は昔から様々な目的を持って働いています。

　アメリカの心理学者アブラハム・マズローは「欲求段階説」を唱えました。それは**図表2-1**のように、人間の欲求は5段階のピラミッドのように構成され、最初に生きるための糧を得るという「生理的欲求」が満たされると、次に経済的な安定という一段高い「安全の欲求」を求め、さらに集団・組織に所属しているという満足感を求めて「社会的欲求」を満たそうとし、それが満たされれば集団から存在価値を認められ尊敬されたいという「承認欲求」、ついには自分の持つ能力や可能性を最大限発揮したいという「自己実現欲求」を求めるというように、人間は低次の欲求から次第に高次の欲求を求めて、行動し成長していくというものです。

　寝る、食べる、働く、遊ぶなど生きる上での活動項目を考えると、唯一働くことだけが対価として報酬を得ることができ、働き方次第で組織や社会に直接的に貢献できるので、働くことは人間の多くの欲求を満たす大変に重要な活動であるといえます。

　そもそも働いてお金を稼ぐということは、何かの仕事をした対価として報酬を得ることであり、その仕事の出来栄えに責任を持たねばならない厳しいものです。でも、ほとんどの人は現在の仕事に何らかのやりがいを見出してその仕事を長く続けています。

　やりがいはその人の性格や価値観によって感じ方が異なります。仕事でやりがいを感じるポイントとしては、①実施した仕事に対する相応の報酬（金銭、昇進、顧客からの感謝など）、②仕事に対する充足感、達成感や仕事の将来性、③自分の持つ能力、知識の発揮や自分の成長実感などが挙げられます。

人は働くことに人生の3割近い時間を費やします。働くことは人生において
きわめて大切なことなので、働く意義や目的、やりがいなどをしっかり考える
必要があります。

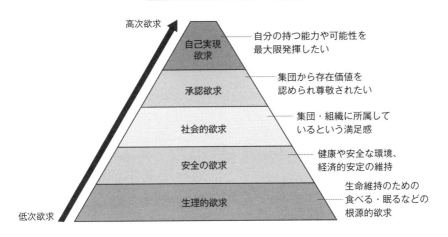

図表2−1　マズローの欲求段階説

高次欲求

自己実現欲求 ── 自分の持つ能力や可能性を最大限発揮したい

承認欲求 ── 集団から存在価値を認められ尊敬されたい

社会的欲求 ── 集団・組織に所属しているという満足感

安全の欲求 ── 健康や安全な環境、経済的安定の維持

生理的欲求 ── 生命維持のための食べる・眠るなどの根源的欲求

低次欲求

## 2.2 どんな働き方があるのか

　実際にはどんな働き方があるのでしょうか。働き方を決めるにはどんな業界
で働くのかという「業種」、どんな種類の仕事かという「職種」の両方を考え
る必要があります。

　業種(業界)とは、会社や個人が行う事業の種類のことです。日本標準産業分
類(総務省)の大分類によると、「漁業」「建設業」「製造業」「運輸業」など、20
種類に大きく分けられています。

　職種とは、仕事の種類のことです。日本標準職業分類(総務省)の大分類によ
ると「事務従事者」「専門的・技術的職業従事者」「保安職業従事者」など、仕
事の性質や専門性、公共性などにより12種類の大分類があります。たとえば、
医師、保健師、看護師、裁判官、検事、公認会計士、教員、画家、音楽家など
は「専門的・技術的職業従事者」に分類され、自衛官、警察官、消防員などは
「保安職業従事者」に分類されます。

職種によっては、医師、看護師、裁判官、検事など高度な専門性が必要なため、国家資格が設定され、資格試験に合格しないと就業できない職種があります。また芸術家、音楽家、スポーツ選手など高度な感性や技能あるいは優れた運動能力が必要な職種もあります。

　高度な技術や専門性が必要だった職業でも人から機械に置き換わり、ほとんど無くなってしまった職業(タイピスト、電話交換手など)もあります。また今後の人工知能(AI)の性能向上や自動運転技術の進歩、VR(仮想現実)やAR(拡張現実)の進歩などで、人間が行う仕事の一部が機械に置き換わり、必要な人員数が減る職種も出てくるでしょう。

　その一方で、対人サービスの仕事を中心に、人間にしかできない新しい仕事や業務が、今後さらに生まれてくるとの見方もあります。

　近年では働き方も多様化しており、①組織に所属して働く正社員(会社員、公務員、団体職員など)、②組織に所属して働く非正規社員(派遣社員、嘱託社員、契約社員、パート、アルバイトなど)、③個人で独立して働く(農業や商業など家業を継承、飲食業など事業を開業、税理士など資格取得後に独立して開業、左官業やITプログラマーなど個人で仕事を請負)、④資格を取得して働く(弁護士、医師、薬剤師、幼保小中高教員、看護師、司法書士など)、⑤兼業または副業を行う、働きながら学ぶ(兼業・副業、アルバイト、通信制大学に通いながら働く)などに分かれます。それぞれの働き方には、**図表2-2**のようなメリット、デメリットがあります。

　また、個人で起業したり、家業を継いだりすることは、様々なリスクはありますが、他人の指示を受けず、比較的自由に仕事ができるからでしょうか、将来起業したいという若者も増えてきています。人生に高い理想や志を持つのはすばらしいことです。一方で企業経営に必要な資源(リソース)、つまり経営資源は、ヒト、モノ、カネ、情報といわれます。大学を出てすぐには個人的な信用が弱く、経営資源を持っている人は少ないでしょう。いったんは関連する業界で正社員として働き、その業界の実情や組織での仕事の進め方を理解して信用を得るとともに、ある程度の経営資源を蓄えてから起業するという考え方が現実的でしょう。

　さらには、働く場所(ロケーション)にも変化が出ています。すなわち、働き方改革の一環として始まったテレワーク(情報通信技術を活用し時間や場所の

制約を受けずに働く形態)が 2020 年からのコロナ禍で拡大し、自宅などで遠隔勤務を行う機会が増えてきています。またワーケーション(観光地やリゾート地でテレワークを活用し、働きながら休暇をとる過ごし方)などを認める会社も一部に出始めています。

**図表 2-2　いろいろな働き方のメリット・デメリット**

| | メリット | デメリット |
|---|---|---|
| 正社員<br>として働く | 大きな組織であれば収入・雇用が比較的安定、社会的な信用が大きい。 | 組織のニーズで不本意な仕事も実施しなければならない。 |
| 非正規社員<br>として働く | 職種や業務を自分で選べ、働く時間帯や期間などは比較的自由。 | 収入はあまり高くなく、雇用は安定性を欠く。 |
| 個人で働く | 働き方は自由で、他人の命令や指示を受けない。 | 収入は不安定、様々なリスクに一人で備える必要がある。 |
| 兼業・副業<br>で働く | 収入増を狙え、本業では得られない知識を得られ、スキルアップにつなげられる。 | 労働時間が増加するため疲労が増加しがち。本業と競業しない副業の選択など調整が必要。 |
| 資格を<br>取得して働く | 社会的評価が高い資格なら雇用・収入は安定。 | 世間のニーズ以上に合格者が多い資格は、求人が少なく収入が低い。 |

## 2.3　会社の組織と職位、日本型雇用システムの変化

### 2.3.1　会社の組織と職位

　会社は事業を行い、利益を出していくための組織であり、会社の中には機能が分かれた多くの組織(部・課など)があります。

　会社の組織は「ライン部門」と「スタッフ部門」に大きく分けることができます。ライン部門はメーカーの生産部門やデパートの営業部門など会社の売り上げや利益に関わる直接部門であり、スタッフ部門は人事、経理、総務など会

社の事業のサポートを行う間接部門です。各会社の事業の種類や規模などによって組織は細かく分けられています。

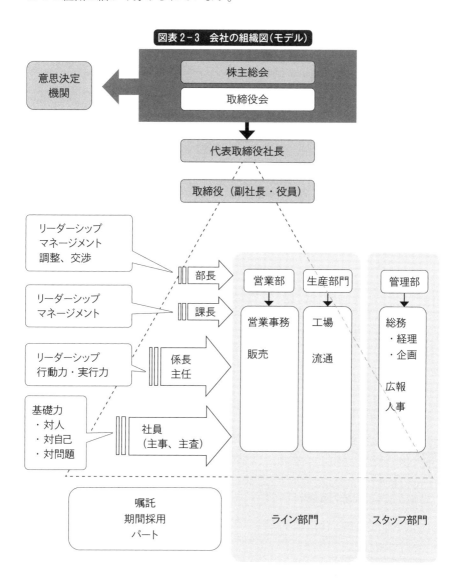

図表2-3　会社の組織図（モデル）

　私たちが会社に採用されると、業務上の必要性や各人の適性を踏まえていずれかの「課」（チーム、グループ）に配属され、新入社員として社会人の人生が始まります。所属する課の業務を覚えて、真面目に働き、戦力として認められるよう頑張らなくてはなりません。会社によっては5〜10年程度の経験で係長や主任（名称は会社により異なる）として人事発令され、課の中の業務のグループを任され後輩の指導も行います。この間で人事異動により、業務内容や勤務地が変わることもあります。

　各課には実務の責任者である管理職として「課長」（リーダーなど）が配置されます。課長は概ね10〜15年程度の実務経験を持ち、業績が優れた社員に人事発令されます。会社によっては勤続年数や業務実績だけでなく、管理職試験を行い、社員の能力識見を見て課長発令を行うところもあります。課長の主たる業務は部下の業務管理や業務支援ですが、近年は担当業務を持ちながら課長としての業務を行う、いわゆるプレイングマネージャーも増えています。

　関連する業務の複数の課を束ねた部署が「部」であり、人事発令で「部長」が配置されます。部長は担当する部の業務方針を決めて業績向上のための指示を課長に出します。また所属している課の監督や調整、社内の他部との調整、取引先との交渉も部長の重要な仕事です。大きな会社では、関連する部を束ねた「本部」（局、室）を配置して、「本部長」を置いているところもあります。

　これまでの日本の会社では新入社員として入社後に経験と実績を積み、係長、課長、部長と昇進していくシステムが基本でしたが、近年ではその業務に適任な人材が見つかれば社外からも中途採用するケースが増えてきており、日本型雇用システムが変化してきています。

## 2.3.2　日本型雇用システムの変化

　日本型雇用システムとは、一般的には「新卒一括採用」「年功序列賃金」「終身雇用」の3つを特徴とする雇用の仕組みのことです。「新卒一括採用」とは卒業予定の学生をまとめて春に定期採用すること、「年功序列賃金」とは年齢や勤続年数に応じた賃金制度のこと、「終身雇用」とは企業が定年まで雇用を保障する制度のことです。

　日本型雇用システムは、昭和の高度経済成長期にできあがりました。高度経済成長期の日本企業は右肩上がりの事業拡大が続き、多くの人材を必要として

いました。日本型雇用システムは企業にとって、毎年計画的に人材を採用でき、離職率を抑えて、長期的な人材の育成ができるというメリットがあります。労働者にとっても雇用の安定と長期的な給与の増加、企業に対する忠誠心や勤労意欲の向上というメリットがありました。一方では、従業員の解雇を極力避けるため、業績悪化時には企業経営の足かせになることもあり、労働力の柔軟な調整を行いにくいというデメリットもあるシステムでした。

平成のバブル景気崩壊以降、会社の業績が伸び悩み、海外企業との競争が激化する中で日本型雇用システムのメリットが劣化してきています。特に、経済のグローバル化が進むとともに、急速に進展するデジタル技術などを取り入れて、事業の枠組みや方向性、仕事の仕方などを変革していくことが日本企業の生き残りには必要条件になってきています。

このためには日本企業が、専門性が高い経験者の中途採用を増やして、国際競争力を高めていく必要があることから、経団連(日本経済団体連合会)は新卒一括採用、年功序列賃金、終身雇用という日本型雇用システムの見直しを2018年に表明しています。

採用の通年化や中途採用の増加、それに伴う転職は段々と増えてきており、今後も増加していくと思われます。

## 2.4 ライフデザインと職業

ライフデザインと職業について考えます。ライフデザインとは「将来、どんな人生を送っていきたいか」について、自分の価値観に基づいて設計していくことです。

「平均寿命は10年ごとに2〜3年ずつ寿命が延びている計算になり、2007年に生まれた子どもの半数は107歳より長く生きると予想される」とリンダ・グラットンとアンドリュー・スコットは著書『ライフ・シフト』の中で述べています。皆さんも100歳近くまで生きるつもりで、今後の人生をしっかり考えておくべきです。

日本は高齢化時代にすでに入っており、今後も多くの人が長く生きて年金受給者が増加するため、年金支給が70歳になりその時点まで働くことが必要になるといわれています。

　働く期間は定年が65歳だとすれば5年伸びますが、リタイア後の期間も長くなっていきます。1つの職業を選び、リタイアするまで1つの企業に勤め続ける以外に転職や転業、またリタイア後の活動などにおいて選択肢が増え、いろいろなライフデザインを作ることができるようになります。

　一方では企業の平均寿命は23.3年(東京商工リサーチ調べ：2020年倒産の企業の平均寿命)と短い企業も多く、「大学を卒業して企業に入社すれば一生安泰」は過去の話になりました。50年近くの働く期間を1回の就社だけで完結する人が減り、転職はさらに増加していくでしょう。

　転職は同じ業種の会社に移るだけとは限りません。異業種や異なる仕事などに就く可能性もあり、皆さんの努力と運で仕事の幅や待遇が変わるチャンスでもあります。そのためには、職務に必要な知識や技能にとどまらず社会人基礎力なども含めた雇用され得る能力(＝ Employability：エンプロイアビリティ)をずっと磨き続けていくことが大切です。

　ライフデザインは、大学を出て1つの会社に就社して定年でリタイアするモデル1つだけとは限りません。働き方が多様化し、平均寿命が延びていることから、働き方、結婚、子ども、リタイア後の活動や社会参加など、自分の価値観に基づいて、より良い人生、社会との接点を絶やさない人生などライフデザインにおける期間や領域が広がっています。

　皆さんがライフデザインを作るにあたって、働く上で考慮すべき項目がいくつかあります。1つ目はワークライフバランスを大切にすることです。2つ目はジェンダーギャップを減らす視点で作るということです。3つ目はダイバーシティ＆インクルージョンを踏まえて行動するということです。各項目の概要をまとめた**図表2-4**を見て、自分のライフデザインを考える参考にしてください。

　自分の価値観を磨きながらより良い人生を送るためのオリジナルなライフデザインを作ってみましょう。そしてその実現に向けて実生活でも計画的に努力していきましょう。

## 図表 2-4　ライフデザインを作るにあたって考慮すべき項目

| 項目 | 概要 |
|---|---|
| ワークライフ<br>バランス | **仕事と生活の調和**<br>国民一人ひとりがやりがいや充実感を持ちながら働き、仕事上の責任を果たすとともに、家庭や地域生活などにおいても、子育て期、中高年期といった人生の各段階に応じて多様な生き方が選択・実現できること（内閣府） |
| ジェンダー<br>ギャップ | **男女の違いで生じている格差**<br>社会的・文化的に形成された男性ないし女性にとってふさわしいと考えられている家事、育児、教育、政治、経済などの全般における男女間の格差<br>〈世界経済フォーラム（年次総会はダボス会議）が毎年国別ジェンダーギャップ指数を発表しており、2022年の日本は146カ国中116位 *〉 |
| ダイバーシティ＆<br>インクルージョン | **多様な人材の違いを受け入れ、認め合い、活かすこと**<br>性別、年齢、国籍、人種、民族、宗教、社会的地位、障がいの有無、価値観、働き方等の多様性をお互いに尊重し、認め合い、それぞれの能力や個性に応じて活躍・成長できる社会を目指そうということ |

*World Economic Forum『Global Gender Gap Report 2022』p. 10
　https://www3.weforum.org/docs/WEF_GGGR_2022.pdf

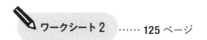

ワークシート2 ……125 ページ

# 職業研究 2
─ 会社の仕事を時間軸で見る ─

**⚷ Keyword**

分業と協業
仕事の流れ

┌─ **本章のねらい** ─────────────────────┐

会社の仕事は1日・1週間・1か月・1年の時間を単位にして進
行します。仕事はチームで分業と協業によって行われることを理
解します。

└────────────────────────────────┘

## シーン ③

### 仕事の流れが知りたい

　佐々木葵、遠藤慎吾、橋田太一が、「キャリアデザイン」の授業の後、大学のカフェテリアで、仕事について話し合っている。

**佐々木**：職業を決めるには、将来の人生設計も必要だって先生に言われたけど、そんな先のこと、まだわからないわよね。

**遠藤**：一番身近な手本は、ウチの場合は親父だけど、あんまり参考にならないな。ほとんど毎日残業で、あまり家にいないから、会話できないよ。佐々木さんのところはどうなの。

**佐々木**：私のところも同じよ。8 時間労働という言葉があるけど、通勤時間も入れたら、1 日の半分以上は仕事に使っている時間だよね。働くのって、やっぱり大変よね。

**橋田**：1 年で考えても、まとまった休みといえば、お盆と年末年始くらいだから、大人は本当によく働くね。それだけの時間を労働に費やすんだから、逆にいうと、やりがいがある仕事を見つけられるかどうかで、1 日、1 年、一生の充実度が大きく変わってくることになるね。

**佐々木**：会社がどんなスケジュールで動いているかも、ライフスタイルと無関係じゃないわ。仕事を決めるのにも知っておいたほうがいいよね。

　第 2 章では、職業を様々な切り口で見てみました。1 つの会社の中にたくさんの職業がありました。

　この章では、実際に会社の中でどのような仕事が行われているかを、1 日、1 週間、1 年など時間軸をベースに見ていきましょう。

金田八郎先生

## 3.1 会社での仕事とは

　会社は事業を行って継続的に利益を出していくための組織であり、そのための仕事をしています。会社での仕事とは製品やサービス(以下、商品)などの製造、流通、販売のために必要な原材料、施設、機材、人員などを揃えてそれらを生産し、その企業による価値(付加価値)を付け加えて世の中に販売するために関係するあらゆることだといえます。

　会社での仕事は関連性や効率性が得られるように、各部署の仕事が分業(複数の人が役割を分担して仕事をすること)と協業(ある仕事を複数の人が協力してすること)によって実施されています。どの部署であってもチームで仕事をしているので、ミスを減らして生産性を高めるためにチームワークとコミュニケーションが重要になります。

### 図表3-1　会社の部門と主な仕事

| スタッフ部門 | 経営企画、人事、経理、総務、広報など |
|---|---|
| 営業部門 | セールス営業、カウンター営業、営業戦略、宣伝販促、顧客管理など |
| 生産部門 | 生産、購買、生産管理、品質管理、技術管理など |

　「スタッフ部門」の主な仕事は経営企画、人事、経理、総務、広報などに分かれます。いずれもヒト、モノ、カネ、情報という会社の経営資源についての意思決定を行う重要な仕事です。

　一方「営業部門」は、自社の商品の性能や品質を理解し、他の会社や消費者に販売することが仕事です。お客様の所に出向くセールス営業と店舗販売を行うカウンター営業はお客様に会社の代表として接客し、お客様のご意見を社内の関連部署に伝える重要な役割を担っています。それ以外に営業戦略、宣伝販促、顧客管理などセールスやカウンターの社員をサポートする営業事務の仕事もあります。

　メーカーにはそのほかに「生産部門」があり、直接生産工程を担当する生産担当

のほかに購買、生産管理、品質管理、技術管理などの仕事があります。

　あるメーカーの同じ営業部門で、顧客へのセールス営業を担当しているA
さんとセールスやカウンターをサポートして営業戦略を担当するBさんの1
日の仕事の流れを**図表3-2**で見てみましょう。

### 図表3-2　ある1日の仕事の流れ

| 【セールス担当のAさん】 | 【営業戦略担当のBさん】 |
|---|---|
| 8:30　出社・朝礼<br>　　　　課長からの指示 | 8:30　出社・朝礼 |
| 9:00　業務打ち合わせ<br>　　　　営業戦略など | 9:00　課長から業務指示<br>　　　　関係者と業務打ち合わせ |
| 10:00　外出　顧客訪問1<br>　　　　販売動向確認、新商品説明 | 9:30　担当業務　販売経理処理<br>　　　　顧客問い合わせ対応、来客 |
| 12:00　昼休み（外出先など） | 12:00　昼休み（社員食堂など） |
| 13:00　外出　顧客訪問2<br>　　　　不具合のお詫びと処理 | 13:00　課内会議<br>　　　　担当業務部分を報告 |
| 15:00　外出　顧客訪問3<br>　　　　販売実績説明と状況確認 | 14:30　会議で出された課題の<br>　　　　担当者間打ち合わせ |
| 16:30　帰社　業務整理<br>　　　　営業支援システム入力 | 15:30　担当業務　販売予測作成<br>　　　　販売伝票処理 |
| 17:00　特記事項報告<br>　　　　関連部署と課題打ち合わせ | 17:00　業務整理と報告 |
| 17:30　明日の予定作成　退社<br>　　　　状況次第で残業 | 17:30　退社<br>　　　　状況次第で残業 |

## 3.2　会社での仕事の流れ

### 3.2.1　職種によって異なる1日の仕事

　仕事には、課内の業務分担により毎日行う担当業務、締め切りまでの期間の

中で計画を立てて順次進めるプロジェクト業務、業務を行っている最中に発生する突発的なイレギュラーへの対応、そのほかにも課内会議や関係部署との調整会議などがあります。

会社は出社すると朝礼から始まります。セールス営業、カウンター営業ではお客様に販売をする担当業務が仕事の大部分を占めます。またカウンター営業では店舗の営業時間帯が早朝から夜遅くまで長い場合には、1日の中で早出勤務と遅出勤務が交替して店舗の営業時間帯をカバーします。

スタッフ部門や営業事務では、一般的に経験年数が長く、職位が高いほどプロジェクト的な業務、イレギュラー対応を行う分担が増えていきます。またZoom などの web 会議システムを利用した在宅勤務などを交替で実施する会社もあります。

### 3.2.2　1週間の仕事と会議

ほとんどの会社は、週を単位に業務を行っています。以下、**図表 3-3** の会社をモデルにして1週間の仕事と会議を見ていきます。会社は毎週または隔週の水曜日に役員会(メンバー:社長と各取締役)を開催します。役員会は会社の意思決定機関であり、営業、生産、収支の実績報告をもとに経営方針や経営戦略、収支の進捗状況を確認し、必要な指示を出して会社を動かしていきます。

翌日には各本部で本部会議(メンバー:各本部長と部長、課長)が開催されます。本部会議では役員会での報告、現場からの報告、部門の戦略事項の決定や不具合事項への対応などを行い、担当課が決定事項を持ち帰り、業務を実施していきます。

各課では翌週の月曜日か火曜日に課内会議(メンバー:課長と課員)を行います。課内会議では、役員会、本部会議の報告、前週の各種実績や報告事項など、イレギュラー対応の報告、課内のプロジェクトの進捗報告と課長の指示が出されて必要な業務が担当者に振り分けられ、業務が進められます。

このように会社では1週間の仕事と会議が密接に連携して行われており、きちんと各組織が機能すれば、社長や役員会での経営についての方針や決定事項が各課員に速やかに伝達されて仕事の実施に反映され、反対に各課の業務実績や特記事項が社長や役員会に報告される仕組みになっています。

## 図表3-3 会社の会議（モデル）

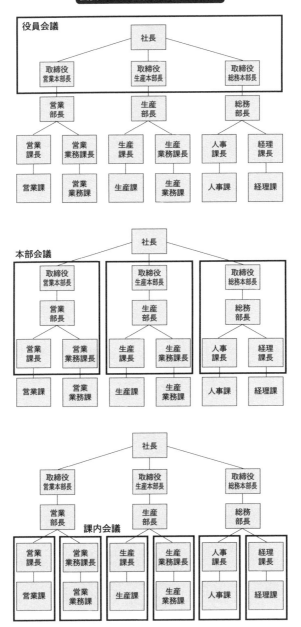

### 3.2.3　1年間の仕事の流れ

　日本の会計年度は、毎年4月に始まり翌年3月で終わります。企業も同様のところが多いです。ここでは、新入社員の1年を例に以下で見ていきます。

　多くの会社や公務員などでは4月に多くの新卒の社員が入社し、集合教育で新任研修が行われます。新任研修は入社前の3月から実施し、研修を外部業者に委託する会社もあります。

　新任研修が終わり課に配属されると、担当業務についての知識教育の後、OJT（On the Job Training）で担当業務を1人でこなせるよう先輩社員が後ろで見守る指導が続きます。多くの会社は入社から3か月程度を試用期間としています。試用期間とは、会社が新入社員を実際に採用して働いてもらい、本採用するかどうかを評価・判断するための期間です。

　夏になると会社や仕事にも少しは慣れてきて正社員にも発令され、初めてのボーナス（賞与）も支給されます。8月頃になると経営層や本社スタッフ部門では、来年度の経営方針や必要な予算が議論され始めます。

　秋になると仕事にも慣れ、他部署の状況も見えて仕事が面白くなり始める頃です。多くの会社では10〜11月に人事面談を行います。これはあらかじめ配付される人事調査票に沿って、仕事の満足度、習熟度、課題、人事異動の希望、会社に知っておいてほしい身辺の事情などを記入して、担当課の上司と人事面談を行います。人事面談は、会社が社員の担当業務への思いや身辺の情報を公式に聞き、両者のコミュニケーションを図るとともに、社員の仕事への評価を伝えて、社員のモチベーション向上と人材育成のために毎年実施されます。

　冬の12月になると通常の仕事に加えて、先輩社員に手伝ってもらい担当業務についての来年度の予算金額と要求根拠などを作成します。その後年末年始休暇となりますが、クリスマスから正月まで書き入れ時の場合、店舗でのカウンター営業の担当者は時期をずらした休暇になります。

　2月から3月上旬には来年度の人事異動の内示が出されます。希望の部署に移動できなかった社員や第1希望の部署に内示された社員、海外支店に発令されて海外赴任準備を始める社員など、この時期はどの会社でも悲喜こもごものドラマが繰り広げられます。

　3月は年度決算を行って1年の仕事を締め括ります。あわただしい中で課内の先輩の送別会も開かれたりします。そして4月には後輩の新入社員を迎える

ので、先輩社員として頑張らなければなりません。

**図表 3−4　1 年間の仕事の流れ**

| 4月 | 5月 | 6月 | 7月 | 8月 |
|---|---|---|---|---|
| 年度初め<br>新規採用<br>採用研修<br>挨拶回り | OJTが<br>続く | 仕事にも<br>ようやく<br>慣れてきた | 試用期間<br>終了<br>初ボーナス | 概算要求<br>夏期休暇 |

OJT = On the Job Training：実際の仕事を通じて
指導し、知識・技術などを身に付けさせる教育方法

| 3月 | | | | 9月 |
|---|---|---|---|---|
| 年度決算<br>人事異動<br>送別会 | | | | 会社の<br>上半期業績<br>がわかる |

| 2月 | 1月 | 12月 | 11月 | 10月 |
|---|---|---|---|---|
| 次年度<br>人事内示 | 御用始め<br>年始挨拶<br>復活折衝 | 予算作成<br>ボーナス<br>忘年会<br>御用納め | 他部署の<br>ことも<br>見えてくる<br>人事面談 | 仕事の流れ<br>を理解し、<br>充実感が<br>出る |

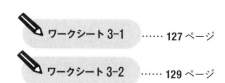

ワークシート 3-1 ……… **127** ページ

ワークシート 3-2 ……… **129** ページ

# 第4章

# 企業研究1
## ― 様々な業界を知る ―

🔑 **Keyword**

業界
BtoB
BtoC

**本章のねらい**

世の中のすべての企業を研究することは難しいです。業界単位での分析を行い、関心のある業界について動向を知ることから始めます。

## シーン ④

### 業界って何だろう

　遠藤慎吾と橋田太一は空き時間を利用して、大学の図書館で会社の売上や利益、それに企業理念などを調べてみることにした。「キャリアデザイン」の授業で、「売上」と「利益」は別物で、売上は会社の儲けではなく営業力を表すこと、また、企業は単に利益を追求しているのではなく、それぞれ企業理念を持って事業を行っていることを学んだところだ。

遠藤

　遠藤は父親が働いている百貨店業界について調べてみることにした。しかし、業界の中で大手３社くらいしか知らない。

　そこで、遠藤はまず、自分の知っている「蓮浦百貨店」をインターネットの検索サイトで検索してみた。首尾良く最初に「蓮浦百貨店」のURLが表示される。ウェブサイトを開いてみるとまず目に飛び込んできたのは、よく目にするシンボルマークが描かれた大きなのれんの写真だった。画面の右上には、小さな文字で「店舗案内」「オンラインショッピング」「企業情報」のリンクボタン。「売上とか利益は企業情報を見ればいいのかな」。企業情報をクリックしてみると、「ニュースリリース」の下に「会社案内」の欄があり、その中に「会社概要」や「企業理念」を見つけることができた。

　「会社概要には、売上や資本金は載っているけれど、利益は載ってないな。あとは創業年、従業員数に、店舗数か…」。前のページに戻ってみると、「千代田百貨店」の名前が目に入った。遠藤が知っている別の百貨店だ。よく見ると、「企業理念は蓮浦千代田ホールディングスのウェブサイトを見てください」と書いてある。クリックしてみて、ようやくわかった。「同じグループ企業だったんだ」。遠藤は百貨店業界の全体像を知る必要があることに気がついた。

一方、幼い頃からゲーム業界に興味を持っていた橋田太一は、大手にとどまらず、新興勢力のゲーム機器メーカーまでしっかり調べた。「家庭用ゲーム機大手のこの会社はテレビを使ったゲーム機とポータブルゲーム機が主力製品。中でもポータブル機は市場のほぼ7割を占めている。気になるのは、米大手OSソフト会社の携帯電話機は、ポータブルゲーム機としても人気を集めているってこと。すでに市場の3パーセントを占め、ますます伸びる見込みらしい。企業の事業も時代のニーズに合わせて変わっていくんだな」。

企業への関心が強ければ、いろいろな情報源にあたって、得られる情報も多様で質も高まる。遠藤はウェブサイトを見ただけだったが、橋田はビジネス雑誌や新聞検索で最新の業界動向を調べ上げていた。

いま、社会にはどのような業界があって、それぞれの業界の中でどのような動きがあるのでしょうか。企業の勢力図がどのようになっているのか、今後どのように変化していくのかを知っておくことは、これから社会で仕事をする上で重要な知識になります。まずは皆さんの興味のある業界から広く調べていきましょう。

金田八郎先生

## 4.1 どんな業界があるの？（業界研究の意義）

　業界とは、一般に事業内容が同じような企業の集まりのことです。業界ごとの状況を把握することは、個々の企業の状況を理解することと同じように就職活動では重要なことです。業界についての情報がなければ、個々の企業の情報を分析する際に「木を見て森を見ず」になってしまいます。まず、業界を理解し、そのあとで個々の企業を分析・理解することが就職活動における適切なステップであると思います。

　2013年に改訂された現在の日本標準産業分類によると、国内企業の産業分類は大分類20、中分類99、小分類530、細分類1,460となります。また、会社数は400万社近くともいわれます。これだけの数と種類の会社の中から、自分の希望する進路として1社を選ぶことはとても難しいことであることがわかると思います。ですから、段取りよく就職活動を進めるためには、業界研究、会社研究、職種研究を慎重に、かつ繰り返して行うことが必要です。

　企業は取引相手により、BtoC企業とBtoB企業に分けることもできます。BtoC（Business to Consumer）企業とは、一般消費者を取引相手として製品・商品・サービスを提供する企業のことで、様々なメディアの広報を通じて私たち一般消費者になじみのある企業とも言えます。一方、BtoB（Business to Business）企業とは、原材料や部品を取り扱ったり、法人向けの製品・サービスを扱ったりする企業のことです。あまり調べなくても何となく名前を知っている企業が多いBtoC企業群だけを対象とするよりも、BtoB企業群までしっかりと研究することで、選択の幅が大きく広がり、他の人は知らないかもしれない自分に合った優秀な企業に出会えることもあります。

　業界研究を始めるにあたっては、まず国内外の社会・経済全般の状況変化を大枠で理解した上で、特定の興味のある業界についての今後の動向を自分なりに予測するようにしましょう。業界や企業の活動や業績は、全般的状況の変動に左右されますので、こうした状況変化についての理解が不可欠となります。

　**図表4-1**の就職人気企業の変遷からは、時代や社会情勢の変化を反映して、学生の希望にも変化が起こっていることがわかります。こうした変化の背景には、業績悪化のため新卒採用を中止したことや大幅な人員削減を実施せざるを得なかった影響もあります。また、上位に進出した企業はコロナ禍の影響をあ

**42**

まり受けなかったことや、働き方改革を積極的に進めたことが魅力となったようです。

　コロナ後を考えた場合、現状で業績が落ち込んでいる企業であっても、今までと異なる新たな成長機会が訪れることもあり得ます。通信 5G の実用化や AI、IoT の実装化などデジタルトランスフォーメーション（DX: Digital Transformation）の進行で、これまでに存在しないビジネスや職業が生まれる可能性も高いといえます。変化が激しい、不確実性の高い状況下でこれからの人生の進路、将来の生活をどのように考えていくべきでしょうか。皆さんも大学卒業後の職業人生を 70 歳までの就業とすると、約 50 年先を見越したキャリアプランを選択することが必要となることを理解しておきましょう。

**図表 4-1　就職企業人気ランキングの変遷（マイナビ / 文系総合）**

| 順位 | 1990 年卒 | 2001 年卒 | 2011 年卒 | 2021 年卒 |
|---|---|---|---|---|
| 1 | 全日本空輸 | JTB<br>（日本交通公社） | JTB グループ | JTB グループ |
| 2 | 三井物産 | NTT ドコモ<br>（NTT 移動通信網） | 資生堂 | 全日本空輸<br>（ANA） |
| 3 | 伊藤忠商事 | ソニー | 全日本空輸<br>（ANA） | 東京海上日動<br>火災保険 |
| 4 | 三菱銀行 | 近畿日本ツーリスト | オリエンタルランド | 日本航空（JAL） |
| 5 | 日本航空 | 資生堂 | 三菱 UFJ 銀行 | オリエンタルランド |
| 6 | 住友銀行 | 日本航空 | 明治製菓 | 伊藤忠商事 |
| 7 | 東海旅客鉄道 | ベネッセ<br>コーポレーション | JR 東日本<br>（東日本旅客鉄道） | ソニー |
| 8 | 富士銀行 | トヨタ自動車 | 三井住友銀行 | 味の素 |
| 9 | 日本電信電話 | 全日本空輸 | エイチ・アイ・エス | ニトリ |
| 10 | 東京海上<br>火災保険 | 講談社 | ベネッセ<br>コーポレーション | ソニーミュージック<br>グループ |

出典：https://career-research.mynavi.jp/colum/20210420_7869/
「就職企業人気ランキングの変遷に見る学生の志望企業」記事中の資料を筆者が一部抜粋加工。

図表 4 - 2 　いろいろな業界がある

| ①社会や生活のインフラ（基盤）を整備・運営する業界（BtoB、BtoC） | ②モノを作る業界 （BtoB） |
|---|---|
| ・建築・住宅・不動産<br>・エネルギー業界<br>・通信・情報サービス業界<br>・交通・運輸業界 | ・電機・機械・素材<br>・生活関連用品 など |
| ③モノを販売・仲介する業界（BtoC、BtoB） | ④モノ以外のサービスを提供する業界（BtoC、BtoB） |
| ・商社・百貨店・コンビニ<br>・ホームセンター・専門店 など | ・レジャー業界<br>・エンターテインメント業界<br>・マスコミ業界<br>・福祉・教育・サービス業界 |

⑤カネを動かす業界
（BtoC、BtoB）

・銀行・証券・生命保険
・損害保険・ノンバンクなど

出典：マイナビ出版編集部(2022)『内定獲得のメソッド 業界＆職種研究ガイド』 p.17 を一部改変。

## 4.2　業界研究の方法

　業界研究を始めるにあたって、社会・経済の動向の理解や自己分析による自身の価値観の言語化が前提となります。これらの前提を踏まえて、自分が興味のある、また自分に合っていると思う業界を見つけていく作業が業界研究です。

### ステップ1　研究対象業界の選択

　まず関心を持っている業界、よい印象を持っている業界等をピックアップします。この段階では、商品・製品やサービスから選ぶのもいいですし、漠然と

したイメージから選んでもいいでしょう。

ステップ2 **業界全般の情報収集**

　いくつかの気になる業界を選択したら、その業界に関する情報を業界研究関連のウェブサイト、書籍、業界新聞・業界紙、就活本などで収集します。ここでは、業界全般の状況と今後の動向を中心に情報収集することが大切です。特に社会的な情勢や産業構造が急激に変化する時代には、業界の収益構造に急激な変化が起こりえます。業界の現在の状況だけでなく、今後の見通しをしっかりと分析した情報を入手することが重要です。

　たとえば、現在は人気があって業績も好調な業界であっても、数年後には人気や業績が低迷してしまうことも珍しくありません。また、地味で堅いイメージでそれほど知名度もない業界であっても、産業構造の変化や消費者のニーズの変化に合うノウハウや技術があれば、大きく成長する可能性があります。こうした業界内部に関する信用できる情報をしっかり収集して、その業界についての理解を深めることが大切です。就活スタートまでに複数回の情報収集と分析を繰り返すことが必要になるかもしれません。

ステップ3 **詳細情報の収集**

　業界全般の理解を得られれば、次はその業界を構成している企業群についての情報をさらに検討して、業界についての理解を掘り下げていきます。この段階では業界全体の状況と合わせて、個々の企業の業界内でのポジションを確認することが重要です。業界関連のウェブサイトや就活本などには、業界地図や勢力分布が書かれているものもありますので、そうした情報を積極的に活用しましょう。それらは、業界内の売上ランキングや企業間の提携関係や出資関係などの最新情報が書かれており、業界全体の動きやトレンドがわかります。また、業務や資本の提携関係、協力・系列関係など、重要なポイントとなる業界内外の関連性をできるだけ把握するようにしましょう。

ステップ4 **生きた情報を収集**

　さらに、ウェブサイトや書籍からだけではわからない情報を収集します。インターンシップや会社説明会などの機会に、実際に業界に関係する人たちと

会って話を聞き、自分が調べた内容が実際どうなのかを確認することができます。企業から発信される情報には、都合悪い内容は含まれないことが多いので、実際に見聞することでより精度の高い情報を得ることができます。

図表4-3　業界研究のステップ

| ステップ1 | ステップ2 | ステップ3 | ステップ4 |
|---|---|---|---|
| 〈事前作業〉<br>社会情勢の理解・自己分析 | 〈研究対象の選択〉<br>関心のある業界をピックアップ | 〈業界全般の情報収集〉<br>ウェブサイトなどから業界情報収集 | 〈詳細情報の収集〉<br>個々の企業情報など詳細情報の収集 | 〈生きた情報の収集〉<br>インターンシップや会社説明会などで実際のところを見聞する |

## 4.3　業界を選ぶ（ケースワーク1）

　それでは、実際に業界研究を進めてみましょう。**図表4-4**には、サービス業界の業界研究の事例を取り上げています。多くの業界がある中で、サービス業界はGDP（国内総生産）の約7割を占める業界です。そして、個人や企業のニーズに対して、その要望を満足させるサービスを提供することが主な業務となっています。そして、サービス業は飲食業やホテル業、レジャー産業、エステや美容院、冠婚葬祭業、医療・介護サービス、教育サービス、通信・情報サービスなど、顧客のニーズに合わせて多岐にわたるサービスを取り扱う業界でもあります。また、電力やガス、鉄道・航空といった社会インフラを支える業界、さらに公共サービス、専門サービスをも含みます。

　これらの業界を分析するにあたって、次の3つのポイントを使って分析・整理していきます。

　①どのようなサービスを
　②誰に対して
　③どのような方法で提供しているのか

| 業界名 | ①どんなサービスを | ②誰に対して | ③どんな方法で |
|---|---|---|---|
| レジャー業界 | 飲食・旅行・宿泊・娯楽施設利用など | 主に個人・少人数グループ。 | 顧客が現場でサービスを消費。 |
| エンタメ業界 | 映像・音響・コンテンツ・ゲームなど | 主に個人。 | インターネットが主。現場もあり。 |
| 専門サービス業界 | 医療・福祉・教育・法律系など | 個人・法人ともにあり。 | 現場が主だが、インターネットもあり。 |
| 通信・情報サービス業界 | 通信・ソフトウェア・インターネット・情報サービス・コンサルティングなど | 主に法人。個人もあり。 | インターネットが主。 |
| 社会インフラ・業界 | 交通・運輸・石油・電力・ガスなど | 主に法人。個人もあり。 | 現場で消費。 |
| マスコミ業界 | テレビ・ラジオ・出版・印刷・広告など | 主に個人。法人もあり。 | インターネットが主。紙媒体もあり。 |
| 金融業界 | 銀行・証券・生保・損保など金融サービス | 個人・法人もあり。 | インターネットが主。現場対応もあり。 |

まず、サービスの種類は多岐にわたっているため、「①どのようなサービス」を提供している業界なのかを把握します。飲食・旅行・宿泊などのレジャーや映像・音響・ゲームなどのエンターテインメント（エンタメ）、専門サービスなどの個人的に使われるものから、インフラや交通・運輸、行政サービスなど集団として利活用するサービスまで様々です。また、サービスを提供するにあたって、有資格者のみがサービスの生産に関われるなど制限がある場合があります。

　次に、扱っているサービスを「②誰に対して」提供するのかを把握します。主に一般消費者（個人）を相手にする BtoC 企業と、企業・法人を相手にする

BtoB 企業に分けることができます。同じサービスであっても、個人を相手にする場合と法人を相手にする場合では、営業や販売の方法、提供するサービスの内容や品質などに違いがあります。

　最後に「③どのような方法で」サービスを提供するのかを見てみましょう。サービス業の特徴として、そのサービスの生産と消費が同時に行われる(同時性)ことから、場所が重視されることになります。飲食、レジャーやエンタメ、専門サービスなど多くのサービスが対面式で提供される一方、通信・情報、マスコミなどはインターネット上でのサービス提供になります。

## ▌4.4▐　業界を掘り下げる（ケースワーク２）

　ここでは、旅行業界に絞ってさらに深く調べてみることにします。

　最初に見ていくポイントは、会社が公表している売上高や経常利益、資産総額、純資産額などの財務データです。売上高はその会社の営業力や企画・開発力の総合的な能力を示す重要な指標です。また、資産総額は会社の規模を示す指標です。次に、従業員に関する情報を見ておきましょう。従業員に関するデータは労務データと呼ばれ、人数以外にも平均年収や平均年齢、平均勤続年数などのデータが公表されています。

　旅行業界においては、2020 年〜2021 年の新型コロナウイルスの世界的な流行に伴う、各国の感染症予防対策として渡航・移動の制限の影響により、大幅に旅行需要が減少し、その結果として大きなマイナスの影響を受けました。日本でも訪日外国人旅行者数の大幅な減少に加え、日本人の国内・海外旅行者数も大きく減少しました。

　しかし、2020 年 7 月以降にいわゆる「Go To トラベル」キャンペーンが実施されるなど、国内における観光・旅行の割引サービスによって、一時的に一定の効果が見られた状況もありました。感染症予防対策の中、旅行業界では、非常に厳しい状況が続き、それは各企業の業績にも影響を与えています。

　売上高の減少は前年比 70% 以上のマイナスを記録し、また利益も大幅な赤字となっています。この傾向は 2022 年も継続していて、いまだに出口が見えない状況といえますが、コロナ対策と経済の回復を両立するための施策の実施により、旅行や観光の需要が喚起されることで、いち早く業績が回復すること

が望まれます。

**図表 4 - 5　旅行業界における各種トップ 5 企業(2020 年〜2021 年)**

|  | 売上高 | 経常利益 | 従業員数 |
|---|---|---|---|
| 第1位 | エイチ・アイ・エス | リクルート HD | 日本航空 |
| 第2位 | JTB | ユーラシア旅行社 | エイチ・アイ・エス |
| 第3位 | クラブツーリズム | ベルトラ | 名古屋鉄道 |
| 第4位 | KNT-CT<br>ホールディングス | 旅工房 | 東武鉄道 |
| 第5位 | JR 東海ツアーズ | HANATOUR JAPAN | 農協観光 |

出典：業界動向サーチ https://gyokai-search.com/3-ryoko.htm　　各項目のランキング上位企業のみを掲載。

**図表 4 - 6　各社の事業内容**

| 会社名 | 事業内容 |
|---|---|
| エイチ・アイ・エス | 旅行事業・ホテル事業・テーマパーク事業・地域事業・ロボット事業・保険事業・投資事業 |
| JTB | ツーリズム事業・エアソリューション事業・ビジネスソリューション事業・グローバル領域（訪日インバウンド事業含む） |
| クラブツーリズム | 旅行事業・地域共創事業・関連事業・テーマのある旅・お客様共創活動・旅の通信の販売と「旅の友」 |
| KNT-CT<br>ホールディングス | 旅行業 |
| JR 東海ツアーズ | 旅客サービスの提供 |

各社のウェブサイトを基に作成(2023 年 1 月現在)。

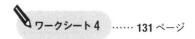

ワークシート4　……131 ページ

# 第5章

## 企業研究 2
### ― 企業像をとらえる ―

**○━ Keyword**

情報源
定性情報
定量情報

**本章のねらい**

業界の中の企業を研究することの意味と方法について学びます。
また、利用可能な企業データの種類と入手方法、分析の仕方を学びます。

## 同じ業種でも会社は違う

佐々木葵と遠藤慎吾が、個別の会社の情報収集について、サークルの部室で話し合っている。

**佐々木**：「キャリアデザイン」の授業で、職業の種類や会社での仕事、業界を学んでちょっと詳しくなったけど、実際の職探しには役に立つのかな。

**遠藤**：う〜ん、全般的なことは見えてきたけど、いざ絞るとなると、なかなか勇気がいるね。さらに具体的に、個別の企業について掘り下げたいな。興味が湧いてきた会社について、サークルの先輩たちを訪ねたり、先生や先輩たちから紹介してもらったりして、会社の人たちの生の声を聞けば、実感が湧くかもしれないね。

**佐々木**：それ、いいわね。でも、何も知らないで訪ねていって一から話を聞くのは失礼だし効率も悪いわ。事前にその企業の基本的な情報については予習していくべきよね。でも、どうやったら情報を得られるのかしら。

**遠藤**：会社のウェブサイトはすぐに思い浮かぶけど、ほかにも何かあるかな。

企業情報は、情報誌や各会社のウェブサイトなど様々なところから入手可能です。また、一口に企業情報といっても、様々な情報があります。それらを整理・分析するための手法について学びましょう。

金田八郎先生

## 5.1 企業研究の意義と方法

　就職活動における企業研究の目的は 2 点あります。まず 1 点目は、企業研究とは本質的に自分に合った仕事を探すことであり、それぞれの企業に入社してやりたい仕事ができるかどうかを確認するためのものであると言えます。知名度や待遇等の一部の情報だけで企業を選ぶのと、しっかりと企業の経営理念や事業内容を理解して選ぶのとでは、入社後の仕事のやりがいが変わってくるでしょう。

　2 点目は、就職活動においてエントリーシートを書くときや面接時に、企業研究をして得た情報から独自の視点を得ることができていれば、他の受験者とは異なるアピールができるということです。選考の過程が進み、面接においてかなり突っ込んだ質問をされたとき、企業研究をしっかりしておけば、慌てることなく対応できるでしょう。

　企業研究の方法は大きく分けて 2 つの方法があります。第一の方法は、公表されている情報をできるだけたくさん集めてそれを整理・分析すること、第二の方法は、店舗見学や工場見学、またインターンシップや会社説明会に実際に出かけ、商品・製品やサービスに触れたり、先輩社員や OB・OG に話を聞いたりなど、体験的に情報収集を行うことです。

　公開されている情報を収集する情報源にはいくつかの種類があります。企業のウェブサイトでは、採用情報のほかに企業の概要(事業内容、売上高や利益の情報、グループ会社や役員構成の情報等)が記載されており、これだけでも相当量の情報を得ることができます。さらに投資者向け情報(IR 情報:Investor Relations)として、簡単な形式の決算書が掲載されている決算短信や、決算書以外に事業内容、従業員情報など非常に詳細な企業情報が掲載されている有価証券報告書を入手することができます。また、経営者が行う決算説明会の動画やその資料等を入手することもできます。

　また、体験的に情報収集を行う方法では、店舗や工場の見学の際に従業員と会話を交わすことで、職場の雰囲気や仕事の内容がわかることもあります。そして、インターンシップでは実際の業務の体験ができたり、事前の企業研究でわかったつもりになっていた仕事の内容や職場の雰囲気を体験的に知ったりすることができます。入社後、実際に就いた仕事が思い描いていたものと違うと

いったミスマッチを回避することにもなります。まさに、ウェブサイトや書籍等にはないリアリティあふれる情報を手に入れることができます。そうした体験的に得た情報は自分だけのものですし、そこで得た共感や熱意は志望動機や自己 PR を書く際のヒントになるでしょう。

**図表 5 - 1　企業研究の方法**

| 調べたい項目 | ポイント |
|---|---|
| **企業の概要**<br>企業理念・事業概要・従業員情報・経営戦略 | 会社の概要を押さえる。自分の考えと理念が一致している企業は合う企業といえる。 |
| **商品・製品・サービス**<br>主力商品・ライバル商品・歴代ヒット商品 | 商品・製品・サービスに関する情報は、面接時にも必要となる。実際に手に触れたり、体験したりしておくことも。 |
| **将来予想**<br>中長期計画・新規事業・新商品・サービス | 長期間にわたって働くことになるため、将来計画について十分検討する。他者との比較で違いも明確になる。 |
| **財務情報**<br>売上高・利益・資本金・資産総額 | 財務情報は最低限の項目は押さえよう。面接時にも必要。各項目の推移にも注意する。 |
| **採用情報**<br>採用予定・採用実績・試験概要 | 具体的な採用に関する情報をできるだけ早く入手しよう。また、頻繁にチェックすることも忘れずに。 |
| **業界動向**<br>業界の現状・業界の将来・ライバル企業の動向 | 志望企業を含む業界の動向についても情報収集し、客観的に企業を分析することが必要となる。 |
| **興味・関心**<br>興味・関心がある仕事・先輩社員の氏名・言動 | エントリーシートや自己 PR、面接時のエピソードとしても活用しよう。 |

## 5.2 定性情報による企業研究

　企業研究を行って得られる情報は、大きく分けて定性情報と定量情報の2種類があります。このうち、定量情報とは、数値によって計測、集計、分析が可能な情報です。企業研究における定量情報は財務に関する情報がほとんどです。一方、定性情報は定量情報以外の情報を指します。企業研究では、企業理念、事業内容、事業戦略などの情報があります。

　企業研究を行うにあたっては、企業が外部向けに公表している情報を中心に利用することになります。そこで入手できる情報には、企業が自ら発信する情報と第三者(たとえば、政府機関や出版・編集者の立場)が客観的立場から発信する情報とがあります。

　企業が発信する情報で、皆さんが最も利用する頻度の高いと思われるのは就活サイト(就職活動用ウェブサイト)の情報でしょう。就活サイトに登録すると、そのサイトと契約している膨大な数の企業の情報を利用することができます。こうした情報は、ウェブサイトを運営する第三者が介在しているので信用度が高いように思われます。しかし、契約企業は就活サイトの広告主としての立場もありますから、実際には企業に都合のよい情報が記載される傾向があることを理解しておくべきでしょう。同様のことは、各企業のウェブサイトから得られる情報についてもいえます。

　また客観的な立場から発信される情報として、インターネットでアクセスできる企業や業界に関する運営しているウェブサイトがあります。業界の最新動向や専門用語の解説、業界全体の統計データなど様々な情報を入手することができます。

　こうしたウェブサイト上の情報だけでなく、一般的な経済動向・トレンドや社会全般の流れをつかむためには、新聞・業界紙、一般ビジネス書、企業読物など書籍も重要な情報源となります。そしてある程度絞り込みを行った上で、さらに詳細な情報を得るために、大学の就職サポート部門、インターンシップ、会社説明会、OB・OG訪問など、体験的に得られた情報も活用しましょう。特に、インターンシップでは、自分が実際に見聞・体験することによって、職場の雰囲気や具体的な業務や職務内容を知ることもできます。

**図表 5-2 企業研究に使える情報源**

| 文字情報 | 文字情報以外 |
|---|---|
| **就職活動用ウェブサイト**<br>大手企業の運営するサイトは情報量も豊富。学生による口コミサイトもある。 | **会社説明会**<br>実際に働いている先輩社員から話を聞く絶好の機会。十分な準備をして臨みたい。 |
| **雑誌・新聞・書籍**<br>全体の情報を得るなら紙媒体を使いたい。傾向の把握に便利。 | **OB・OG 訪問**<br>職場の生の声を聴くチャンス。十分に準備をして失礼のないように。 |
| **企業のウェブサイト**<br>企業の基本情報を網羅。ただし、客観的な情報かどうかを確認する必要がある。 | **インターンシップ**<br>企業や業界、業務や職務について理解を深めるチャンス。3年生の夏までに体験したい。 |
| **就職サポート部門**<br>求人票や会社案内等の文字情報と、担当者からの直接サポートを受けることができる。卒業生の就活レポートを見ると、身近なロールモデルの活動を知ることができる。 | |

## 5.3 定量情報による企業研究

　定量情報は主に財務情報をいいます。財務情報の分析は、志望企業を決める際にも重要な情報となります。企業理念、事業内容や採用情報から企業をある程度絞ったら、この企業の財務情報を入手して分析しましょう。業績が良い企業かどうかは、決算書を見ればわかります。決算書とは一般的な呼称で、正式には財務諸表といいます。企業の財務諸表には、次の3つがあります。

　　① 企業の資産や借金の状況を示す「貸借対照表」
　　② 収益や利益を示す「損益計算書」
　　③ 現金の出入りを示す「キャッシュ・フロー計算書」

　就職活動では、貸借対照表と損益計算書は見ておきたいものです。もし貸借対照表上の資産の金額が減っていたり、損益計算書上の売上高や利益が減って

いたりする場合、その企業の経営状況はあまりよくないといえます。このような特徴や変化を見つけることが、財務情報を利用した企業研究の目的です。

① 売上高：商品・製品・サービスを販売して得た金額
② 当期純利益：売上高から諸経費などを差し引いて会社に残る金額
③ 資産総額（総資産額）：会社が調達し運用している資金の総額
④ 純資産額：主に出資者（株主）から提供された資金の額

　これらの項目の金額を数年間分比較して、その推移を確かめておくことも重要です。いずれの項目も順調に伸ばしているようであれば企業の成長を意味しますが、下降傾向にあれば経営に何らかの問題があるのかもしれません。その場合は、世界経済や日本経済全般の状況によるものなのか、あるいは企業独自の状況によるものなのかを見極めることが重要です。企業内部の問題と考えられる場合には、さらに原因となる事柄を調べることも必要になります。業界共通の問題なのか、企業特有の問題なのかを判断できるように、複数の同業他社との比較分析も行いましょう。

　こうして企業研究の過程で財務情報を分析しておけば、業績の悪い企業、また悪くなりそうな企業を見つけることができます。経営に問題があって将来性に不安があるようなら、安心して就職することができません。企業研究をすることによって、そうした不安を解消しましょう。

## 5.4　ケースワーク

　それでは、実際に企業分析を行いましょう。ここでは、サービス業界の関西大手企業の近鉄グループホールディングス株式会社と阪急阪神ホールディングス株式会社を例にとって、分析を進めていきます。

　両社の最近5年間の業績は**図表5-3**と**図表5-4**に掲載したとおりです。また、2021年3月期の有価証券報告書による業績は**図表5-5**に記載のとおりです。両社の主な業績を比較すると、近鉄グループが営業収益（売上高）6,972億3百万円、当期純損失が601億87百万円、阪急阪神が売上5,689億円、純損失367億2百万円となっており、いずれも売上、利益ともに減少傾向にあります。

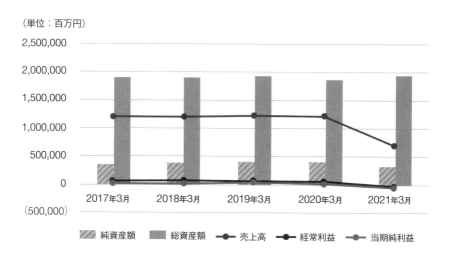

図表5-3 近鉄グループホールディングスの財務情報

（単位：百万円）

凡例：純資産額 総資産額 売上高 経常利益 当期純利益

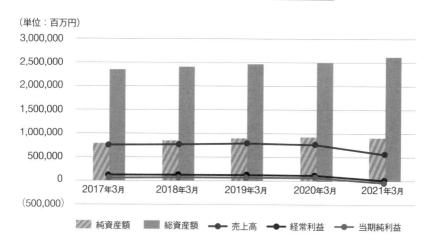

図表5-4 阪急阪神ホールディングスの財務情報

（単位：百万円）

凡例：純資産額 総資産額 売上高 経常利益 当期純利益

　両社とも、鉄道事業、流通事業、旅行・観光関連事業、エンタメ事業など、新型コロナウイルス感染症対策で大きな影響を受けた事業活動を中心として経営活動を行っていますので、大きなマイナスの影響を受けていることがわかります。

公開される情報の中で最近注目されているものとして、サステナビリティ(持続可能性)情報があります。自社のみならず、地域社会や日本社会、さらに世界全体の持続可能性への企業の取組みに関する情報が開示されています。SDGs(持続可能な開発目標)やESG(環境・社会・ガバナンス)関連情報、BCP(事業継続計画)といった自社を含む社会全体に対する企業の取組みを社内外に積極的に公開することは、企業の社会的責務と考えられるようになっています。こうした情報を開示することで、業績の向上や資金調達の優位性など企業価値の向上に関連付けられるようになってきています。企業分析の際に、こうした情報をチェックすることも忘れずに行いましょう。

### 図表5-5　近鉄グループと阪急阪神の会社情報(2021年3月期決算をもとに)

| 会社名 | 近鉄グループ | 阪急阪神 |
|---|---|---|
| 事業内容 | 運輸・不動産・流通・ホテル・レジャー・その他 | 都市交通・不動産・エンタテインメント・情報・通信・旅行・国際輸送・ホテル・その他 |
| 本社所在地 | 大阪市天王寺区上本町6-1-55 | 大阪府池田市栄町1-1／大阪市北区芝田1-16-1 |
| 設立 | 明治43年（1910年）9月 | 明治40年（1907年）10月 |
| 純資産額 | 338,494百万円 | 909,985百万円 |
| 営業収益※ | 697,203百万円 | 568,900百万円 |
| 当期純利益 | −60,187百万円 | −36,702百万円 |
| 総資産 | 1,955,048百万円 | 2,621,028百万円 |
| 従業員数（平均年齢） | 30,343人（45.7歳） | 23,192人（42.7歳） |
| 企業理念 | 「いつも」を支え、「いつも以上」を創ります。 | 「安心・快適」、そして「夢・感動」をお届けすることで、お客様の喜びを実現し、社会に貢献します。 |
| その他 | サステナビリティ情報 | サステナビリティ情報 |

※旅行業界では、「売上高」にかえて「営業収益」を用いる企業が多い。

ワークシート5  …… 133ページ

第5章

<h1>第6章</h1>

<h1>環境・トレンド分析</h1>

<h2>―ポストコロナで社会、<br>環境が変われば、企業も変わる―</h2>

VUCA の時代<br>
ソサエティ 5.0<br>
SDGs<br>
人材像

---

**本章のねらい**

社会や企業がどのように変化しているのか、今後どう変化するのかを学びます。そして、社会や企業の変化と、皆さんのキャリア人生との関わりについて大まかな展望を持ちます。

## 社会が変われば仕事も変わる

　遠藤慎吾、橋田太一、佐々木葵が、サークルの帰りにいつものカフェテリアで将来のことを話し合っている。

**遠藤**　：今日、授業でソサエティ 5.0 の話が出てた。
　　　　　何、そのソサエティ 5.0 って。

**佐々木**：日本の政府が実現しようとしている未来社会のことだそうよ。仮想空間と現実空間を融合させるんだって。

**遠藤**　：たとえばどんなこと？

**佐々木**：あまりよくわからないけど、バーチャルリアリティの技術とかも使うらしいよ。新型コロナの影響で授業がオンラインになったりしたじゃない？あれもそうなのかな。そういえば、コロナの前ってオンライン授業がまさかこんなに簡単に実現すると思っていなかったな。

**橋田**　：みんなが便利だとわかったらどんどん変わっていくね。そういえば買い物の仕方も変わった。うちのお母さんはネットショッピングでどんどん注文してる。お父さんは相変わらずお店で買ってくるけど。

**遠藤**　：ネットショッピングも増えたよね。e コマースって言うらしいよ。近所のスーパーでも e コマースを始めてる。

**佐々木**：私たちの将来の仕事や職業もどんどん変わるかもしれないね。社会はどんなふうに変わっていくんだろう。

> まずはじめに、最近の世の中の変化についての例を見てみましょう。

金田八郎先生

## VUCA の時代を生きる！

　VUCA（ブーカ）とは、聞き慣れない言葉ですが、ポストコロナのニューノーマルな時代を象徴する 4 つのキーワード：Volatility（不安定さ、変動性）、Uncertainly（不確実性、不確定さ）、Complexity（複雑性）、Ambiguity（曖昧性、不明瞭さ）の頭文字から造った造語です。これからの時代の企業及び企業で働く皆さんのキャリアについて表現するにはぴったりの言葉ではないでしょうか。

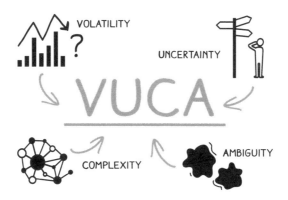

## 世界における企業の時価総額ランキング

　皆さんが社会人となって生活する社会は、グローバルな社会になっていて、世界の様々な社会とつながっていると思います。皆さんが勤めることになる会社も限られた地域のビジネスパートナーやクライアントとだけ関わって会社経営をしていくということはないでしょう。

　では、日本の企業を世界の企業と比べてみましょう。世界の企業の時価総額ランキングで日本の企業が世界の中でどのような位置にあるのかが、見えてきます。たとえば、日本企業は何社ランクインした？世界における企業の株式の時価総額ランキング TOP50 ｜ @DIME アットダイム（https://dime.in/gcnre/1308994/）を見てみると、2022 年度では、31 位にトヨタ自動車がランクインしているだけです。しかし、1989 年の世界の企業の時価総額ランキングをみると、TOP50 社のほとんどが日本の企業が占めていました。業種も様々な分野に及んでいました。日本の企業のグローバル化のピークはもう終わってしまったのでしょうか。1989 年には 20 位だった東芝も経営がうまくいかず、分社化による経営再建を目指しています。

## 6.1 社会の変化と職業の変化

ITによる情報化の社会基盤は急速に進化し、社会は大きく変化しています。その変化は産業分類の変遷を見ることで確認できます。

1998年頃にはアメリカ合衆国、カナダ、メキシコは、3カ国に共通の新しい北米産業分類（NAICS: North American Industry Classification System）の開発を行いました。特に、「新しく現れた産業」について検討されました。その結果、新しい産業分類には、情報産業の大分類に、ソフトウェア開発、データベース開発、衛星通信、携帯電話などの情報サービス業などが追加されました。

日本でも、日本標準産業分類の2002年の改定では、NAICSと同様に情報分野に「情報通信業」を新設し、その中に「通信業」「情報サービス業」「インターネット附随サービス業」の中分類が新設されました。このように、かなり以前から変化は起こっているのです。

第1次産業、第2次産業、第3次産業といった分類の中でも、それぞれに変化してきています。第1次産業は、工業化という潮流と合流し、工場で計画・生産されるようなことが起こっています。ここではフードエンジニアリングという知識を持った人材が求められます。第2次産業では、社会の情報化に対応し、情報ネットワークを駆使したビジネス展開で、顧客のニーズに応えようとしています。第3次産業のサービス業では、インターネットによるビジネスが盛んです。たとえば、旅行に出かけるときには、インターネットで旅行先の観光の情報を集め、乗り物チケットの購入や宿泊先の予約を申し込み、クレジットで支払うといったことは、珍しい光景ではありません。

このように、社会の変化に合わせて、各産業の中身も変わってきています。企業が変化し、その結果、そこで働く社員に求められる人材像も変化しているのです。私たちは近視眼的に企業を見るのではなく、長期的な視点や社会環境の変化などの視点から、企業の将来や自分のやりたい仕事について考える姿勢が大切になってきます。

## 図表6-1　変化する社会と産業・企業

1．新第1次産業
＋工業化＝水耕栽培：**キューピー**

### ●フードエンジニア

　キューピーでは、フードエンジニアリングの分野にも進出し「TSファーム」を実施。このシステムは、三角パネルと噴霧耕を利用した立体水耕栽培で、日照時間や天候に左右されず、提示、定量、低品位のサラダ菜やリーフレタス、ほうれん草などの野菜を工業的に生産します。

2．新第2次産業
＋ソフト化＝マスカスタマイゼーション：**リーバイス**

### ●データベース・コンストラクター

　ジーンズで有名なリーバイスは、店舗に訪れた客の1人ひとりの好みやサイズに合った情報を、コンピュータネットワークを使って工場に伝達し、翌日には商品を配達するシステムによってアメリカで売上を伸ばしました。こうした場面には、データベースをどのように構築するか、どのようにデザインするかなどの職業が生まれています。

3．新第3次産業
＋高度サービス＝ネットワークビジネス

### ●ウェブマスター

　今やビジネスの世界で、インターネットは不可欠です。サービス業もウェブサイトを使って、予約から決算まで行うことができる利便性などが競争力になっています。広告の世界もインターネットが重要な広告媒体として注目を集めています。ウェブサイトの運営・管理を請け負う企業が活躍しています。

4．新第4次産業
＋ビッグデータ＝ネット販売・物流に関わるビジネス

### ● GAFA、BAT

　最近の新たな社会現象の変化で生まれてきた第4次産業です。最近では、ビッグデータは石油に替わる新たな経済的な資源と考えられるようになってきました。つまり、より多くのデータを保有するものが有利になるのです。

たとえば、アマゾンなどのネット販売・物流に関わる巨大企業は膨大な購買者についての購買情報・購買指向の情報を持ち、継続した購買意欲や行為を促進してより多くの利益をあげようとしています。こういった企業はグーグル、アップル、フェイスブック、アマゾンの 4 つの巨大企業の頭文字を取って、GAFA と呼ばれるようになりました。フェイスブックは、2021 年 10 月にメタに社名を変更しましたが、いまだに GAFA がインターネット上の巨大企業を表す用語として使われることが多いようです。

　　ここ数年「産業昇級（産業アップグレード）」「行業解決法案（業界別ソリューション）」という言葉を IT 系展示会で見かけるようになりました。中国は国内の市場自体が欧米よりも数倍大きいため、GAFA に匹敵する巨大企業を生み出してきました。代表的な巨大企業として、バイドゥ（百度）、アリババ（阿里巴巴）、テンセント（騰訊控股）の 3 社は BAT と呼ばれています。ほかにも「TikTok」を擁するバイトダンスもあります。BAT のような中国企業の目覚ましいイノベーションによる新たな価値の創造で頭角を現すようになったのは 2010 年代からのことです。

　　こうした GAFA や BAT のインターネットビジネスは、利用ユーザーが増えれば増えるほどサービスに関するデータが蓄積し、取り扱う商品もサービスも向上するという効果があります。いったんユーザーが集まったサービスにはさらに多くのユーザーが集まるというネットワーク効果が働き、こういったビジネスでは、1 つのサービスに加入している人が増えれば増えるほど運営がやりやすくなるといわれています。

　　2020 年頃から、コロナ禍の影響も重なり、現代社会は大きく変わってきました。情報通信技術や計測技術の発展により、我々の生活の営みや行動の様々なデータがスマートフォンを介してビッグデータとしてネットワーク上に蓄積される時代になりました。我々の日常生活の情報だけではなく、科学の分野でもデータサイエンスを活用して、自然界の情報を解析できるようになりました。日々の生活に深く関わり合いのある天気予報の情報も大きな災害を引き起こすかもしれない台風の進路予測もこうした技術の進歩に支えられています。気象情報のみならず、交通サービスの分野でも、自動運転の実現が期待されています。自動運転が実現すると、ラッシュアワー時の交通サービスの問題が解決できるのではないでしょうか。

様々な物を生産する工場に目を向けても、ロボットのアームや、様々な部品に取り付けられた IoT と呼ばれるセンサーから送られてくる情報をもとにして、部品の不具合や故障を予知する装置が装備されたスマート工場が当たり前になってきています。こうしたスマート工場による生産性の向上の動きは「インダストリー4.0」として提唱されました。その後、社会の広い分野の経済活動の変革をもたらす言葉として普及し、**第 4 次産業革命**という言葉が使われるようになりました。

我が国では、日本の総務省が提唱する情報ネットワークで構成されるサイバー仮想空間と実際の生活が融合して暮らすという未来社会のコンセプトとして、**ソサエティ 5.0（Society 5.0）**が普及しています。少し覗いてみましょう。

### ■ ソサエティ 5.0(Society 5.0)とそこで活躍する企業

未来社会では IT 技術革新で世の中がどれだけ便利な方向に向かっていくのでしょうか。まずは、一般社団法人日本経済団体連合会が制作した IT で便利になる未来社会構想、Society 5.0 の動画を見てみましょう。

◆ 20XX in Society 5.0―デジタルで創る、私たちの未来―
https://www.keidanren.or.jp/announce/2020/0326c.html

未来社会では身の回りの生活も便利で住みやすくなることでしょう。また、新しい価値観が生まれ、我々の日常生活に組み込まれ、満足度の高い豊かな日常があるでしょう。そんな Society 5.0 の未来社会ですが、個人の生活だけではなく、会社の存在意義や社会との関わり合いも変化していきます。

そこで、様々な企業の Society 5.0 に関わる取組みを見てみましょう。ここでは、SDGs の 17 項目のゴールの視点から各社の取組みを見てみましょう。

◆各社の Society 5.0 に関する取組み
https://theater5-0.com/

**図表 6−2　各産業・企業の society 5.0 の取組み**

| |
|---|
| ・次世代ヘルスケア Next Generation Healthcare |
| ・スマートモビリティ Smart Mobility |
| ・ものづくりのデジタル化 Digitization of Manufacturing |
| ・次世代エネルギー＆資源循環 Next Generation Energy |
| ・フィンテック・インシュアテック Fin Tech / Insur Tech |
| ・E- コマース E-commerce |
| ・教育工学 EdTech |
| ・働き方のデジタル化 egital Working Style |
| ・スマートリビング Smart Living |
| ・スマート農業 Smart Agriculture |
| ・サイバーセキュリティ Cyber Security |
| ・デジタルエンターテインメント Digital Entertainment |
| ・デジタルガバメント Digital Goverment |
| ・その他 Others |

出典：https://theater5-0.com　「Category」のレイアウトを変更し掲載。

　いろいろな企業が Society 5.0 の未来社会に向かって、SDGs の 17 項目のゴールの達成という具体的な目標に取り組み、より良い未来社会のために励んでいることがわかります。

　皆さんが社会人として生活する社会はどんな社会でしょうか。決して今のままの状態が続いているとは考えられません。過去には、産業革命で人類の生活が一変したように、今、まさに IT 技術革新やデジタルトランスフォーメーション（DX）で世の中が変わろうとしています。

　未来社会で働く皆さんはいきなり Society 5.0 の社会で生活し、デジタル化された企業で働くわけではありません。コロナ禍でも、まだまだ多くの企業では紙の伝票や書類で事務作業をしています。インターネットが普及して、パソコンが使われるようになりましたが、まだまだ表計算ソフトを使い、ファイル形式で保存した経理データをやり取りして仕事をしています。とはいっても、業務フローのデジタル化がもう進んでいますので、近い将来には本当の意味での Society 5.0 の時代がやってきます。ここで見てきたことを念頭において、自分の未来、キャリアをデザインしていかなければなりません。

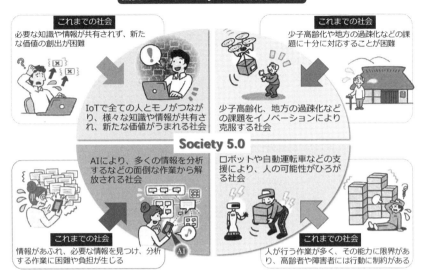

**図表6−3　society 5.0で実現する社会**

これまでの社会
必要な知識や情報が共有されず、新たな価値の創出が困難

IoTで全ての人とモノがつながり、様々な知識や情報が共有され、新たな価値がうまれる社会

**Society 5.0**

これまでの社会
少子高齢化や地方の過疎化などの課題に十分に対応することが困難

少子高齢化、地方の過疎化などの課題をイノベーションにより克服する社会

AIにより、多くの情報を分析するなどの面倒な作業から解放される社会

ロボットや自動運転車などの支援により、人の可能性がひろがる社会

これまでの社会
情報があふれ、必要な情報を見つけ、分析する作業に困難や負担が生じる

これまでの社会
人が行う作業が多く、その能力に限界があり、高齢者や障害者には行動に制約がある

出典：内閣府 https://www8.cao.go.jp/cstp/society5_0/society5_0.pdf

◆内閣府ウェブサイト「Society 5.0」

https://www8.cao.go.jp/cstp/society5_0/

## 6.2　新しい人材像

　社会は常に変化しています。そして、社会という大きな枠組みの中にある企業もその変化に合わせて常に変化しています。たとえば、現在先進諸国では、「知識集約型産業分野」が著しく拡大しています。脱工業化社会から、情報やサービス、知識などのソフト面の要素が経済の中心になるといった「経済のソフト化」の時代へと潮流は変化し続けています。

　今では、経済を引っ張っていくのはお金や資材といった有形の資本ではなく、知識から新しい形式を創造する「創造性（creativity）」であるとリチャード・フロリダというアメリカの学者は言っています。そして、創造性を生産手段とする経済を「クリエイティブ・エコノミー」と呼んでいます。なぜなら、アメリカは1950年代以降、研究開発費、特許登録件数、科学技術的職業の労

働人口、芸術文化的職業の労働人口が、継続して大きく増加しているからです。この傾向は、日本でも他の先進諸国でも見られるのです。

　そして、クリエイティブ・エコノミーを牽引する人々、つまり創造力で経済的な付加価値を生み出す人々を「創造的階層」と呼んでいます。創造的階層の中でもこれから最も中心となるのは、「スーパークリエイティブコア」という人たちです。このグループに含まれる人たちは、科学者、エンジニア、大学教授、小説家、芸術家、起業家、俳優、デザイナー、ノンフィクション作家、編集者、文化人、シンクタンク研究者、アナリストなどがあげられています。

　そして、これらの人々が集まる地域には、3つのTがあると述べています。それは、talent = 人材、technology = 技術、tolerance = 許容性です。よい人材がいて、技術やノウハウが蓄積されていて、さらに様々なことが許容される社会であるということです。するとその地域が、その国の経済的な価値を生むことになるというわけです。ですから、3つのTを社会基盤として準備し、経済の発展に役立てようとする国も現れてきているのです。このように、社会の変化は、産業の変化、企業の変化に結びついています。求められる人材像にも影響を与えているのです。

　もちろん、会社の状況によっても求められる人材像は違います。たとえば、ホテル業でも、ウェブマスターのようにインターネットを駆使して顧客に便利な仕組みを作ったり、キャンペーンをICTツールを使って上手に伝えたりする人材も必要です。しかし、ホテルにとっての本質である「宿泊客を心からもてなすこと」のできる人材は何よりも不可欠でしょう。

　皆さんも、社会がどのように変化しているのか、また、仕事の本質は何なのかをしっかり考えて、社会が求めている人材像を捉えることが大切です。

### 6.3　トレンドを分析する──変化を知る──

　社会の変化に対応して果敢に取り組んでいくことは、社会の中で生活する私たちにとっては重要なことです。

　世界各国でベストセラーになったスペンサー／ジョンソンの『チーズはどこへ消えた？』は、迷路の中に住む、2匹のネズミと2人の小人の変化への対応について描かれた寓話です。

——ある日、豊富にあったチーズが消える。ネズミたちは、新しいチーズを探しに飛び出していく。しかし、少し知恵のある小人たちは、チーズが戻ってくるかもしれない、などとあれこれ理屈をつけてなかなか行動しない。結局、変化を認め、変化に積極的に対応していくことのできたネズミたちが、チーズ(幸福)を手にすることができた。——

というものです。

　今までの環境が変化した場合、誰もが戸惑うことでしょう。しかし、変化に対して正確な知識があれば、自分自身が変化に対応するときに危惧することはありません。本節では変化を読む手法について紹介します。それは、トレンド分析といわれるものです。ある指標について、過去から時間的な変化を長期トレンドとしてグラフに表します。そして、そのグラフの傾きや変化する点に着目することで、その変化の原因となる事象や構造を推測する分析手法です。

　トレンド分析に使うグラフは、一般的には折れ線グラフを用います。トレンド分析を行う際は、単に数字をグラフ化するだけではなく、変化の傾きの程度など、変化の特徴に着目することが大切です。そして、なぜ、そのような変化が起きているのか、その原因は何なのかなど、周辺の情報を集めることによって明らかにしていきます。トレンド分析が有効なのは、数値という誰にでもわかりやすい事実を用いることです。そして、グラフを使って可視化することによって、変化のポイントがより捉えやすくなります。

　重要なことは、変化しているポイントを見つけ、その理由・原因を考察することです。そして、その変化は繰り返されるのか、原因となる現象は将来いつごろ再び起こりそうなのか、また起こりそうにないのかなどの点から、未来を予測してみることが大切です。なぜなら、変化を予測できれば、不安を軽減することができるからです。

　一例として、経済産業省による小売業者のトレンド分析を紹介します。

　◆消費動向に見る、with コロナのトレンド
　https://www.meti.go.jp/statistics/pr/rikatuyou_20210219/
　rikatuyou_20210219.html

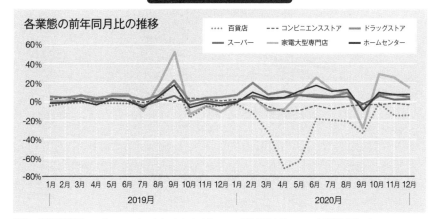

図表 6-4　トレンド分析の例1

各業態の前年同月比の推移

凡例：百貨店　コンビニエンスストア　ドラッグストア　スーパー　家電大型専門店　ホームセンター

出典：経済産業省 https://www.meti.go.jp/statistics/pr/rikatuyou_20210219/rikatuyou_20210219.html

　**図表 6-4** のトレンド分析の折れ線グラフを見てみると、コロナ禍で百貨店が
かなり苦戦したことがうかがえます。本章の冒頭で、この先 VUCA の時代が
やってくるとお伝えしたことを思い出してみてください。大学を卒業してから
65 歳で定年退職をするまでの 40 数年間安定した収入を確保するためのキャリ
アとして、有名な大企業を希望することが最適な選択と言えるかどうかよく考
えてみる必要がありそうです。

　別の例として、**図表 6-5** のモノタロウ(株式会社 MonotaRO)が公表しているグ
ラフも見てみましょう。アマゾン(Amazon)という競合の企業が存在するところに
2000 年から新規参入してきた企業で、製造現場・建築現場などで使う商品の事
業者向けネット通販にはじまり、その後オフィス用品まで取り扱いの幅を広げ、
さらに個人向けの通販を行うなど、売上は右肩上がりで成長しています。アマ
ゾンがカバーできていない市場のギャップをうまくついて売上増につなげて成長
している会社といえるのではないでしょうか。

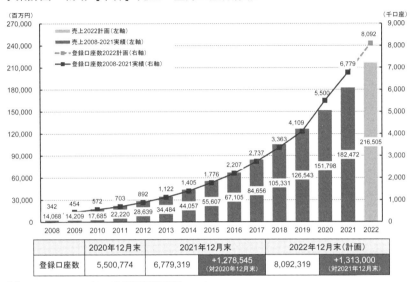

図表6-5 トレンド分析の例2

事業計画・戦略【単体】売上・登録口座数推移

| | 2020年12月末 | 2021年12月末 | | 2022年12月末（計画） | |
|---|---|---|---|---|---|
| 登録口座数 | 5,500,774 | 6,779,319 | +1,278,545（対2020年12月末） | 8,092,319 | +1,313,000（対2021年12月末） |

出典：MonotaRO 2021年12月期通期説明資料，p. 24
https://corp.monotaro.com/ir/upload_file/m004-m004_01/kessan2021Q4_2.pdf

## 6.4 「自分ごと」としてのキャリアデザイン

　自分のキャリアをデザインする前に、「こんな仕事をしてみたい」とか「こんな企業で働きたい」という夢をかなえるためには、それなりの考え方を持って準備をすることが必要です。本章では、これからのキャリア人生について考える際に、これまでの社会の変化や職業の変化、未来社会で求められる人材像、トレンド分析等の視点から、多面的にキャリアデザインすることで、ポジティブでエキサイティングなキャリア人生を歩むことができるのではという提案をしました。

　本章の終わりを、次のイメージ画像で締め括りたいと思います。雑誌『ハーバードビジネスレビュー』（*Harvard Business Review* 2019年27号）にキャリアデザインに取り掛かる大学生の心境を表すぴったりの画像がありました。

出典：Adobe Stock ／画像は類似画像を使用

　説明を加えると、現時点では未熟な存在でしかなくても、壁に投影された姿は、夢や野望が達成して逞しく成長した未来の勝者をイメージしています。

　さて、これまでは私たちを受け入れてくれる職場や職業、それを取り巻く社会などを中心に学んできました。職場は、個人にとっては互いに価値観を共有し、長い時間ともに過ごす重要な場所になります。この職場や職業と、私たち自身のパーソナリティや価値観がフィットすることが重要な意味を持ってきます。
　次章からは、自分自身を見つめ、職場や職業に適応していくための方法について学びます。
　それでは、次の章に進み、自分ごととしてキャリア人生のデザインに真摯に取り組んでいきましょう。「未来の自分」が納得できるキャリア人生を歩んでいきましょう。

ワークシート 6-1 …… 135 ページ

ワークシート 6-2 …… 137 ページ

# 第7章

## 自己理解
### —今の私はどんな人？
### これからどんな私に成長したい？—

外向的

情熱的

器用

🔑 **Keyword**

これまでの私
今の私
これからの私

---

**本章のねらい**

これまでの人生をふり返って、今の自分を理解します。そして、
将来なりたい自分をイメージすることで、これからの大学生活を
デザインします。

## シーン ⑦

### 知っているようで知らない自分

　大学の帰り道、佐々木葵、遠藤慎吾、橋田太一の3人はいつものカフェテリアで、キャリアデザインの授業で実施した職業興味タイプに関する自己分析について話し合っている。

**佐々木**：私は社会的タイプらしい。やっぱり人と話をするのが好きだからかな。人間関係は大切だと思ってる。母の仕事ぶりを見ていてもそう思う。将来、就職活動をする際に、これらのことをうまく表現できたら、きっと役に立つんじゃないかな。就職活動までに自分をうまく表現できるようになろう。

**遠藤**：僕はわりと真面目にコツコツやる性格なので研究者に向いているかなと思ってたけど、現実的タイプらしい。技術関係の仕事に向いてるんだ。技術関係の職業ってどういう仕事があるんだろう。

**橋田**：僕はゲームが好きなので将来はゲームの企画をやりたいって思っていたけど、研究タイプも結構あてはまってる。好奇心は人一倍旺盛だし、分析するのも好きなほう。そういえば、昔から周りの友達と少し違う角度から物事を眺めるのが楽しかった。この点は僕らしさなのかもしれないな。

## 7.1 自分について考えることの意味

　就職活動に関する書籍を読むと、必ずといってよいほど自己分析の章があります。なぜ就職活動に自己分析は必要なのでしょうか。

　就職活動における自己分析の目的は2つあります。1つは、あなたの興味、関心、適性などについて考えることで、あなたに合った職業を選ぶ際の手がかりにすることです。もう1つは、就職活動であなたらしさを表現するための材料を得ることです。このように就職活動の際に行う自己分析は、「職業選択」を行うときの手がかりであり、就職活動における自己アピールの材料となります。

　しかし"キャリア"という言葉はもっと長期的な意味合いを含んでいます。2011年1月に中央教育審議会が取りまとめた「今後の学校におけるキャリア教育・職業教育のあり方について(答申)」では、「人が、生涯の中で様々な役割を果たす過程で、自らの役割の価値や自分と役割との関係を見出していく連なりや積み重ねが、『キャリア』の意味するところである」とされています。このことを踏まえると、キャリアとはこれまでどのような人生を歩んできたのか、現在はどこに立っているのか、そして未来はどちらに向かって歩いていきたいのかなど、人生の営みの中で、様々な役割を通して成長するプロセスそのものであることがわかります。

　あなたはこれからの人生で、職業人としてだけでなく、様々な役割を担うことになるでしょう。あなたはどのような人生を歩みたいでしょうか。どのような人生を幸せだと感じるのでしょうか。幸せのあり方は人それぞれです。納得のいく人生を歩むためのヒントは、あなたのこれまでの歩みの中にあります。まずはこれまでの自分をふり返ることであなたらしさを発見しましょう。そして現在の自分と理想の自分を比較することで、大学生活をどのように過ごすのか考えてみましょう。

## 7.2 自己理解の流れ

　この章ではまずあなたのこれまでをふり返ることから始めます。あなたに影響を与えた人物や事柄について思い出しましょう。あなたはこれまでにどのような毎日を送ってきたでしょうか。印象深いエピソードはありますか。様々な

角度からふり返ることであなたの自己イメージを活性化します。

　次にあなたの特徴がどのような職業タイプと関連が強いのか検討しましょう。ジョン・L・ホランドが職業選択理論の中で提示した6つの職業興味タイプ(**図表7-2**)を用いて、現在のあなたの自己イメージを描きます。今までのあなたと現在のあなたに、一貫性、連続性は感じられるでしょうか。エリク・H・エリクソンによると青年期の課題は「自我同一性の確立」です。自我同一性の確立とは「過去から今に至るまでに培ってきた『自分』という存在の連続性を認め、他の誰とも違う独自の一貫性を持つ人間として、自分の独自性(ユニークネス)を感じられること」です。

　次に理想のあなたを思い描いてみましょう。あなたはどんな人になりたいですか。あなたの理想的な自己イメージは、どの職業タイプに近いでしょうか。そして現在のあなたとどのような差があるでしょうか。差があるとしたら「伸びしろ」だと考えてください。どのような経験がその差を成長へと押し上げるでしょうか。理想的な自己イメージや興味ある職業タイプを道しるべに、これからの大学生活の過ごし方をデザインしましょう。

図表7-1　自己理解の流れ

| これまでの自分をふり返る | 現在の自分を確認する | 理想の自分を描く |
| --- | --- | --- |

### ステップ1　これまでのあなたをふり返る

　これまでのあなたについてふり返ってみましょう。巻末の**ワークシート7-1**を用いて小学校時代、中学校時代、高校時代(大学入学まで)、そして大学入学後のあなたについてふり返ります。毎日をどのように過ごしていましたか。印象に残っているエピソードはありますか。憧れの人物はいたでしょうか。思い浮かんだところから埋めていきましょう。

### ステップ2　今のあなたを描く

　次に、今のあなたを描きます。**ワークシート7-2**を見てみましょう。「今のあなた」によくあてはまると思う言葉に○をつけていきましょう。○の数が多かったものから順に上位3タイプを特定しましょう。

「現在のあなた」はこれまでの経験や学びを通して培われたものです。どのような経験が今のあなたを形作ったのでしょうか。これまでの経験と現在のあなたを比較してみましょう。一貫性、連続性は感じられるでしょうか。また、現在のあなたを文章で表現してみましょう。

ステップ3　**理想のあなたを描く**

　理想のあなたを描きます。**ワークシート7−3**です。「理想のあなた」によくあてはまると思う言葉に○をつけていきましょう。○の数が多かったものから順に上位3タイプを特定しましょう。

　心理学では「現実自己」「理想自己」という概念があります。「現実自己」は現在の自分に対する自己イメージです。ステップ2で描いたあなたです。「理想自己」は理想とする自分のイメージです。ステップ3で描くあなたです。

　「現実自己」と「理想自己」の差が少ないほど適応的であるといわれていましたが、現在ではその差をどのように捉えるかが重要であるとされています。「理想自己」と「現実自己」の差異を悲観的に捉えることもあるでしょう。しかし、その差を伸びしろと捉えることもできるでしょう。理想に近づくことを望むのならば、「理想自己」は成長のための道しるべとなるのです。理想のあなたについても文章で表現してみましょう。

### 図表7−2　ホランドの職業興味に関する6つのタイプ

| | |
|---|---|
| 現実的タイプ（Realistic） | 物や道具を扱うことを好み、秩序や組織的な活動を好む。技術関係の仕事に向いている。 |
| 研究的タイプ（Investigative） | 数学、物理、生物などに興味があり、好奇心が強く学者肌。物事の分析、意見を明確に表明する。 |
| 芸術的タイプ（Artistic） | 慣習にとらわれず、創造的。繊細で感受性が強く、独創的な発想が得意。創造的な職業を好む。 |
| 社会的タイプ（Social） | 対人関係を大切にし、教育、人の援助などの仕事を好む。社会的な活動にも積極的。 |
| 企業的タイプ（Enterprising） | リーダーシップを取り、目標達成を好む。説得を得意とし、野心的な活動を好む。 |
| 慣習（習慣）タイプ（Conventional） | データなどの情報を体系的にまとめるのが得意。責任感があり、緻密な活動を好む。 |

**ステップ4** 現在のあなたと理想のあなたを比較する

　理想のあなたが描けたら、現在のあなたと比較してみましょう。どのような差があるでしょうか。理想とするタイプと現在のあなたのタイプの共通点と相違点に注目しましょう。

---

> **注目！**
>
> 　仕事に対する興味、関心の程度からあなたのタイプを導き出すこともできます。
>
> ◆マイジョブ・カード｜厚生労働省
> https://www.job-card.mhlw.go.jp/
>
>

---

**ステップ5** 大学生活をデザインする

　これまでのワークをふり返って、大学生活をデザインしましょう。あなたはこれからの大学生活で何に取り組みたいですか。どのような行動を起こせば、成長のために必要な経験を積むことができるでしょうか、考えてみましょう。

✏ ワークシート 7-1 …… **139** ページ

✏ ワークシート 7-2 …… **141** ページ

✏ ワークシート 7-3 …… **143** ページ

# 第 8 章

# 強み／弱みを知る
## ─社会で求められる力とは─

### 🔑 Keyword

強み
弱み
機会（追い風）
脅威（逆風）

---
**本章のねらい**

本章では、自分自身の SWOT 分析を行います。自分の強み／弱みが何なのか、また、なりたい職業（または進みたい業界）にとっての機会と脅威は何なのかを分析し、自分自身の将来像に近づくためにどのような対策を立てればよいのかを考えます。

## 自分の強みと弱みを考える

先生のアドバイスで、遠藤慎吾と橋田太一は自分の強みと弱みを整理してみた。

**遠藤**：僕の強みは何だろう。大学の授業は大体理解できているし、レポートにまとめるのも得意。パソコンもワープロや表計算はまあまあ使える。目標を決めればコツコツと達成するまで取り組むほうだ。しかし、目標をなかなか決められないのが弱点。それに人前で話すのもあまり得意とは言えないな。

**橋田**：僕の強みは人とは違う発想ができるところかな。1つ答えが浮かんでも、ほかに答えがないか探してみる習慣がついている。先生にも「納得するまでやめない性格だね」って言われている。このあたりはゲームプロデューサーに必要な能力かもしれない。弱みは何だろう。プロデューサーは人を使う仕事らしい。リーダーシップを発揮するのはちょっと苦手だ。リーダーシップってどう鍛えればいいのだろう。

## 8.1 ▸ 自分の強み・弱み（内部要因）を把握しよう

　本章では皆さん自身の SWOT 分析を行います。SWOT 分析とは、強み（Strength）、弱み（Weakness）、機会（Opportunity）、脅威（Threat）の頭文字を合わせた言葉で、企業の現状を整理する際に使用される分析手法です。この手法を皆さん自身の分析に使用してみようというものです。いわば「自分 SWOT 分析」です。

　自分 SWOT 分析を実施する場合、目標が必要です。目標がなければ焦点が定まらず十分な分析ができないことがあります。

　目標が定まったら SWOT 分析の内部的要因である強み／弱みを目標に沿って抽出しましょう。自分の資質や能力について認識することは、さらなる成長のために重要なことです。ここでは、自分の「強み」と「弱み」を徹底的に分析しましょう。

　ここで、「強み／弱み」分析を行うときの注意点を 2 点述べておきます。まず 1 点目です。「強み／弱み」によく似た表現で「長所／短所」という言葉があります。いずれも、優れている面と劣っている面を表現する点では似ていますが、大きな違いがあります。「長所／短所」はある一つの性格的特徴をプラス寄りに表現したものとマイナス寄りに表現したものです。たとえば「他人の言動に惑わされず自分の意志を貫く」という長所は、裏を返すと「他人のアドバイスや意見を無視して我を通す」という短所にもなりかねません。

　それに対して、「強み／弱み」という言葉は能力ないしそれを具体化した知識・技術・態度がどの程度秀でているのかを表現するものです。これらは「知っている／知らない」あるいは「できる／できない」で評価できるものです。ここでは、「長所／短所」ではなく、「強み／弱み」の観点で考えましょう。

　2 点目は、前述のしおり、長期的な将来像や就きたい職業など、具体的な目標を設定しておくことが重要です。人の能力は多岐にわたるため、「○○になるためには◇◇という技術が『強み』になる」とか、「◎◎を実現するためには▽▽の知識が足りないことが『弱み』になっている」など、何に対しての強みなのか、あるいは弱みなのかを明確にすることで分析がしやすくなります。

　以上の注意点を踏まえて、できるだけ多くの項目を挙げてください。

1. 自分の「長所／短所」ではなく、「強み／弱み」を深く掘り下げよう。

2. 将来像や具体的な目標をイメージして、それに対する「強み／弱み」を考えてみよう。

## 8.2　職業に関する機会と脅威（外部環境）を予測しよう

　第4章、第5章では具体的に業種や職業について考えてみましたが、実際、10年後にその職業（あるいは業種）がどのような状況になっているのかを予測することは困難に思えます。

　技術の進歩は、ICT関連、バイオ関連を中心に、10年前、20年前と比較すると格段に速くなっています。また、経済情勢はグローバル化の進展で、アメリカや中国をはじめとする諸外国からの影響を受けやすくなっていますし、少子高齢化の問題や雇用問題など社会的に不安定な状況が続いています。このような状況で10年後の状況をズバリ言い当てることは不可能といってもよいでしょう。

　とは言え、現在、世界的にあるいは日本全体としてどのような問題が取り上げられていて、どのような方向に解決しようとしているのか、技術革新や研究開発がどのような分野で進んでいるのか、あるいは特定の業種での話題など、新聞やニュース、ホームページなどからある程度情報を収集することは可能です。

　そこで、第6章のワークシートであなたの就きたい職業や企業について収集した情報から、将来的に機会（追い風）となる情報を取り出し、そのことから予想される楽観的な展望を考えてみましょう。同様にして将来的に脅威（逆風）となる情報を取り出し、そのことから予想される悲観的な展望を考えてみましょう。情報が足りないときは追加して収集しましょう。

　外部環境は、社会全体の動向と業界内部の動向の2つに分けて考えてみましょう。社会全体の動向は次の3点を考えてみましょう。

① 政治的動向：法律や制度の制定・撤廃など

② 経済的動向：景気の動向、金利、外為、証券市場の動向など

③ 技術的動向：技術開発の動向、社会的インフラの動向など

業界内部の動向は次の2点に注意してみましょう。

①業界内の他社（者）の動向

②新規参入の動向

　以上の分析結果は、**図表8-2**のようなマトリックスを作成して整理しましょう。

**図表8-2　自分のSWOT分析**

　自分の将来像や就きたい職業を想定して、自分の強み／弱みとともに、将来像や職業にとって機会（追い風）となる事柄や楽観的展望、それから、脅威（逆風）となる事柄や悲観的展望を整理してみる。

| 自分自身の強み | 自分自身の弱み |
|---|---|
| | |
| 機会（就きたい職業の追い風） | 脅威（就きたい職業の逆風） |
| | |

## 8.3 SWOT 分析による対策構築

強みと弱み、機会と脅威を整理できたら、通常、次のような対策を考えます。

①機会を活かすために、自分の強みを活用してどのような対策を講じておくべきか。
②機会を喪失しないために、自分の弱みをカバーするにはどのような対策を講じておくべきか。
③脅威を回避し、あるいは乗り切るために、自分の強みを活用してどのような対策を講じておくべきか。
④脅威と自分の弱みで、最悪の事態を招かないためにどのような対策を講じておくべきか。

このような対策を考えることは重要な戦略となりますので、普段から考えてみましょう。それと同時に、自分の強みと弱みを見定め、計画的に強みをさらに伸ばし、弱みをできるだけ克服することも重要です。強みを伸ばせば上述の①と③の対策がより積極的なものに変更できます。弱みを克服すれば、上述の②と④の対策を減らすことができます。
皆さん自身の生活の中で、強みを伸ばし、弱みを克服する年間計画を立ててみましょう。

### 図表 8-3 SWOT 分析による対策

|  | 機会 | 脅威 |
|---|---|---|
| 強み | 強みを活用して、機会を活かす対策 | 強みを活用して、脅威を回避する（乗り切る）対策 |
| 弱み | 弱みのために、機会を喪失しない対策 | 最悪の事態を招かない対策 |

ワークシート 8-1 …… **145** ページ

ワークシート 8-2 …… **146** ページ

ワークシート 8-3 …… **147** ページ

# 第9章

キャリア目標
― 人生で大切にしたものは ―

🔑 Keyword

社会人基礎力
アサーション
ライフ・コンセプト
マンダラート

**本章のねらい**

自分の人生で大切にしたいことを考え、本質的な目標を考えます。そして、目標を達成するために何をやらなければならないのかを考えます。

## シーン ⑨

## 自分の生き方から職業を考えよう

　遠藤慎吾は、年配の人と話をすることが意外と得意なことに気がついた。単に年配の人とおしゃべりをするだけではなく、「じっくりと人の話を聞くこと」、そして「相手の心をオープンにすること」が得意なのである。人と話をするのが得意な自分はどのような仕事に向いているのだろう。営業職か、それとも販売職か。

　ある日、金田ゼミに OB の宮川健司が訪ねてきた。

**金田先生**：君たちの先輩の宮川さんです。宮川さんは、毎朝新聞社の広告局に勤めています。新聞社といえば、まず新聞記者が頭に浮かぶと思いますが、新聞社は記者がいる編集部門以外にもいろんな部門があるのですよ。広告局というのは新聞の広告をとる営業部門です。

**宮川**：皆さん、こんにちは。宮川です。金田先生には在学中にいろいろとお世話になりました。卒業してもう 10 年になります。ちょうどいい機会だから、なんでも質問してください。

**遠藤**：営業の魅力は何ですか。

**宮川**：営業というと「ノルマ達成」とかつらそうなイメージを持っている人もいると思いますが、実はとてもやりがいのある仕事です。営業を続けていくと、お得意様も増えていきます。お客様との信頼関係が強くなると、お互いに裏切れないというか、期待に応えたいといった強い絆が生まれます。それが営業職の魅力ですね。特に、お客様が困っている場合は何とかしてあげたいという気持ちになります。心が通じたお客様は、別のお客様を紹介してくれたりすることも少なくありません。強いネットワークがあるという実感。これは、営業だからこそ培われた私の財産だと思っています。

遠藤は、宮川の話を聞いて何となく将来の方向性が見えたように思えた。営業に興味を持っている自分に気がつきはじめたのだ。

　　いま、何をすべきかを考えるためには、まず将来の目標を考えることが重要です。なぜなら、目標を設定してはじめて現在の自分に何が足りないのかが見えてくるからです。目標を設定するときには、自分の特性や価値観を深く掘り下げて、人生で何を大切にしたいのかを考えてみてください。そのためのツールとして、マンダラートを使ってみましょう。

金田八郎先生

## 9.1 なぜ目標を設定するのか

　これまでの学習で将来についてのイメージが少し描けてきたでしょうか。もうすでに就きたい職業ややりたい仕事が明確になっている人もいるかもしれません。将来像が明確な人は、それを実現するために「今何をしなければならないのか」を考えることは比較的易しいでしょう。たとえば、「教師」「税理士」「保育士」「看護師」「カウンセラー」といった専門職は資格や免許を取得する必要があります。当然、そのための学習が必要なのは言うまでもありませんが、それだけで十分なのでしょうか。

　税理士を例にとって考えてみましょう。税理士の仕事は、主に中小企業や個人事業主の税務相談や確定申告の代行が主な仕事内容ですが、それだけでは顧客は増えません。経営戦略や財務戦略などの経営相談、国際化に伴う海外税務相談、情報化に伴う会計・税務システムの提案など、顧客それぞれに合ったアドバイスが期待されており、経済や経営に関する様々な知識が必要です。それに、顧客にアドバイスをするには、情報収集能力、資料作成力、説明力などのスキルも必要です。

　それでは、一般企業を目指す人はどうでしょう。一般企業では、会社によって必要な専門知識が異なってきますし、同じ会社でも業務内容によって必要なスキルが異なってきます。経理の仕事をする人は会計の知識のほか、財務ソフトや表計算ソフトを使用するためのスキルが必要です。一方、営業の仕事をする人はわかりやすく説明する力や顧客のニーズなどを聞き取る力などが必要です。専門的な知識やスキルは会社に入ってから研修を受けたり、働きながら先輩から学んだりすることが多いので、あまり心配する必要はないでしょう。しかし、コミュニケーションスキルなどは、どのような職業を選択しても多かれ少なかれ必要です。

　経済産業省では、このような汎用的なスキルを 2006 年に「社会人基礎力」としてまとめ、広く大学のキャリア教育などに利用されました。その後 2017 年には、社会人基礎力に加え、能力を発揮するにあたって、自己を認識してリフレクション（ふり返り）しながら、目的、学び、統合のバランスを図ることが、自らキャリアを切りひらいていく上で必要であると位置づけられました。そして、これまで以上に長くなる個人の企業・組織・社会との関わりの中で、

ライフステージの各段階で活躍し続けるために求められる力として「人生100年時代の社会人基礎力」と新たに定義されました。皆さんも一度、経済産業省の社会人基礎力のホームページなどで、調べてみましょう。

　さて、このようなスキルは社会人になってから身に付けられるものですが、学生時代から鍛えることが可能なものもあります。しかしやみくもに身に付けようとしてもなかなかうまくいきません。まずは目標を持つことが重要です。皆さんはやってみたい職業がありますか。やってみたい職業を一つ決めて、その職業をホームページや業界本で調べ、どのような知識やスキルが必要なのかを探ってみましょう。また、一般企業を考えている人は職種や業種(あるいは一つの企業)を選択して、どのような仕事をしているのかを、ホームページや業界本で調べてみましょう。その職種や業界で働いている身近な人がいれば、インタビューをしてみるのもいいでしょう。

　そして、「仕事をしている自分をできるだけ具体的にイメージ」してみることが大切です。仕事をしている自分を想像することによって、現実感が湧いてきます。教師を目指す人は教壇に立って授業をしている姿でしょうか。あるいは子どもたち一人ひとりと話をしている姿でしょうか。そのイメージと現在の自分とのギャップを考えましょう。そうすることで、これから身に付けていかなければならない知識やスキルが見えてくるのではないでしょうか。

**図表9-1　職業に必要な知識・スキル**

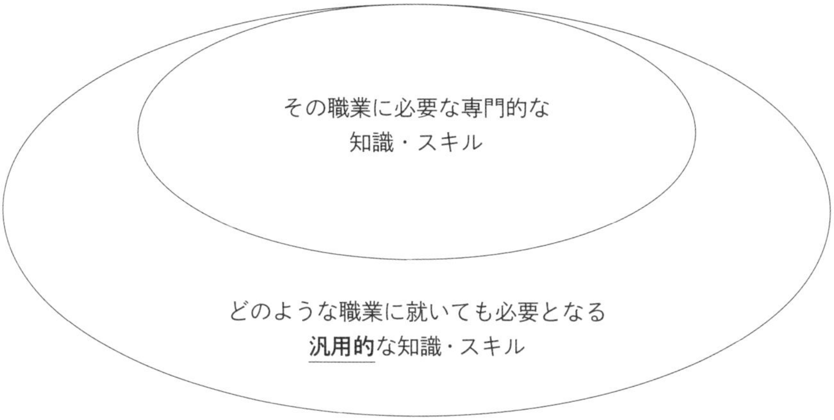

その職業に必要な専門的な
知識・スキル

どのような職業に就いても必要となる
汎用的な知識・スキル

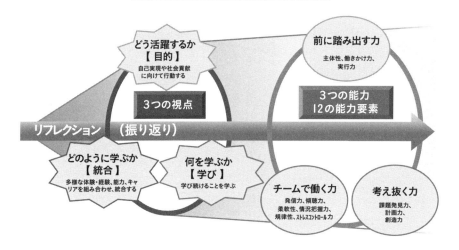

図表 9-2 人生 100 年時代の社会人基礎力

どう活躍するか
【目的】
自己実現や社会貢献
に向けて行動する

前に踏み出す力
主体性、働きかけ力、
実行力

3つの視点

3つの能力
12の能力要素

リフレクション　（振り返り）

どのように学ぶか
【統合】
多様な体験・経験、能力、キャ
リアを組み合わせ、統合する

何を学ぶか
【学び】
学び続けることを学ぶ

チームで働く力
発信力、傾聴力、
柔軟性、情況把握力、
規律性、ストレスコントロール力

考え抜く力
課題発見力、
計画力、
創造力

出典：経済産業省「人生 100 年時代の社会人基礎力」説明資料 p. 6　https://www.meti.go.jp/policy/kisoryoku/

## 9.2 アサーション

　アサーションという言葉を聞いたことがあるでしょうか。アサーションとは「自己主張」という意味で、アメリカで生まれた対人コミュニケーションスキルの１つです。他者のことも自分のことも配慮しながら、率直な自己表現を行うことを目標としています。

　アサーションによると自己表現の仕方には３つのパターンがあるといいます。「非主張的」な自己表現、「攻撃的」な自己表現、そして「アサーティブ」な自己表現です。

　非主張的な自己表現とは、他者のこと(気持ち、考え、状況)を優先し、自分のこと(感情、考え、状況)を後回しにするような自己表現のパターンです。たとえば、ゆっくり休みたいと思っているときに、遊びに誘われたとします。本当は断りたいけれど誘ってくれた仲間の気持ちを思うと断りづらくて誘いに応じてしまうようなパターンです。仲間の気持ちに気を遣うあまり、自分の気持ちを押し殺しています。

　攻撃的な自己表現とは、自分のことを優先し、他者のことを後回しにするよ

うな自己表現のパターンです。たとえばレストランで食事がなかなか配膳されないときに、ウエイターを怒鳴りつけるようなパターンです。店員や店の状況に配慮することなく、自分の怒りをぶつけています。

　そしてアサーティブな自己表現とは、他者のことも、自分のことにも配慮するような自己表現のパターンです。たとえば、「誘ってくれてありがとう。私もあなたと遊びたいと思っていたからうれしいよ。でもここのところ忙しくて、今は疲れてしまっているからゆっくり休みたいの。また次の機会に誘ってくれる？」「あの、すみません、30分前に注文したのですがまだでしょうか。」(店が混んでいたため遅くなっていることを店員が謝る)「わかりました。ではあと少し待ちますので、できるだけ早くお願いできますか。」などです。まずは相手の気持ちに配慮し状況を確認して、相手の立場を受け容れます。しかし自分の主張もきちんと伝えます。

　アサーティブな表現ができる人は、この世界をアサーティブなものの見方、考え方、感じ方で捉えています。すなわち他者の立場について想像することができ、自分が何を望んでいるかを知っています。アサーションを単なるコミュニケーションスキルとして学んでも、アサーティブな自己表現に至らないのはこのためです。アサーションについて学びたい人のために「アサーション・トレーニング」というプログラムがあります。巻末に文献を挙げておきますので興味のある人はぜひ参考にしてください。

## 9.3　ライフ・コンセプトとコーポレート・コンセプト

　仕事をする上で必要な知識・スキルについて考えてきました。このような知識・スキルを身に付け能力を伸ばすことは、仕事を充実させたり、成果を上げたりするために重要なものです。伸ばしたいもの、身に付けたいものを目標として掲げ、具体的な向上策を図りましょう。

　さて、知識やスキルを充実させるために目標を設定することは重要ですが、ここでは、より根本的、本質的な目標設定について考えます。

　次の問いに答えてみましょう。

　「皆さんはどのような人生を送りたいですか」。あるいは、

　「皆さんは人生を送る上で、何を大切にして生きていきたいですか」。

ここで問うているのは、お金や車などの俗物的なものではなく、皆さん自身の中にある特性や価値観です。いきなりこのようなことを聞かれても即座に回答するのは難しいですね。人生の本質ともいえるこの命題をじっくり考えてみたいと思います。

　なぜこのようなことを考えなければならないのでしょうか。これからの人生を送る上で、最も多くの時間を割かなければならないのが仕事です。それならば、「皆さん自身が大切にしたいと思っていること」すなわち「ライフ・コンセプト」と職業が合致していれば仕事に対する向き合い方も異なってくるのではないでしょうか。一般企業で仕事をする場合でも「コーポレート・コンセプト（企業理念）」と皆さんのライフ・コンセプトが重なっていれば仕事の充実感も変わってきます。

　次節以降では皆さんのライフ・コンセプトを映し出し、やるべき目標を深く掘り下げてみたいと思います。

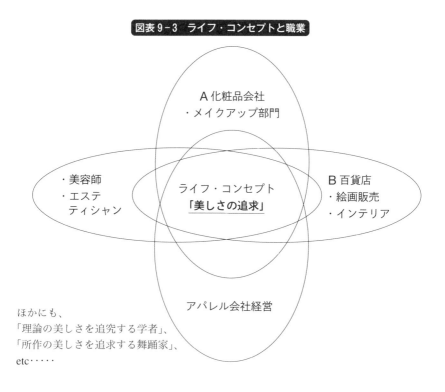

図表9-3　ライフ・コンセプトと職業

A 化粧品会社
・メイクアップ部門

・美容師
・エステ
　ティシャン

ライフ・コンセプト
「美しさの追求」

B 百貨店
・絵画販売
・インテリア

アパレル会社経営

ほかにも、
「理論の美しさを追究する学者」、
「所作の美しさを追求する舞踊家」、
etc‥‥‥

## **9.4** 目標を達成するためにやるべきことを考える
—マンダラート思考法の活用—

　これまで、ふり返りや自己分析を通して、自分自身の強みや弱み、興味、価値観、仕事に必要なスキルなどについて考えてきました。それらを踏まえて、現時点におけるキャリア目標を掘り下げてみましょう。そして、キャリア目標を達成するために具体的にどのようなことをやっていく必要があるのか、さらに分析してみましょう。

　本章では、マンダラートを使用します。マンダラートは今泉浩晃が考案した連想的思考法の一種です。正方形を縦横3つずつ均等に区切った9つのマス目を用意し、マスの中心にメインテーマを書きます。そこから周辺の8マスに連想される関連語句を書き入れます。そして、それぞれの関連語句から周囲に9マスを作り、そこにもさらに連想される関連語句を書き入れていきます。このように1つのテーマから合計で81マスが埋まり、そこから72個の関連語句がひねり出されます。ここからアイデアとしてまとめるのに有用なものを拾い上げていくのが、マンダラートを使用した思考法です。

　マンダラートに似た連想的思考法にイギリスのトニー・ブザンが開発したマインドマップがあります。マインドマップは、設定するテーマから思いつく概念（言葉、イメージ）を、放射状に自由に記述することによって新しいアイデアを整理していく方法です。マインドマップは自由に連想を広げていくことが可能なのに対して、マンダラートは連想が8つずつという制限があります。一見、自由度の大きいマインドマップのほうが簡単そうに見えますが、連想が苦手な人にとっては実はマンダラートのほうが合っているのかもしれません。

　それでは、マンダラートを用いてキャリア目標を実現するために何をやらなければならないのかについて、次の手順で分析してみましょう。

### ①マスの中心にキャリア目標を設定する
　キャリア目標は抽象的すぎると、具体的に何をすればよいのかを考えにくくなりますし、小さな目標ですとそれ以上細かく分析することが難しくなります。明確である程度大きな目標がよいでしょう。

② キャリア目標の周りに、達成するための条件を書く。

　キャリア目標を達成するためには、クリアすべき条件があるでしょう。専門的な職業に就くためには資格を取得したり、検定に合格する必要があるかもしれません。どのような条件があるのかについて広く考えてみることが大切です。

③ それぞれの条件を周囲の9マスの中心に転記する。

④ それぞれの条件をクリアするためにやるべきこと・必要なことを書く。

　一つ一つの条件を達成するために具体的に何を行っていくかを考えます。

図表9-4　マンダラートのテンプレート

| 1 | 2 | 3 | 1 | 2 | 3 | 1 | 2 | 3 |
|---|---|---|---|---|---|---|---|---|
| (条件Aをクリアするためにやるべきこと) | | | (条件Bをクリアするためにやるべきこと) | | | (条件Cをクリアするためにやるべきこと) | | |
| 8 | A | 4 | 8 | B | 4 | 8 | C | 4 |
| 7 | 6 | 5 | 7 | 6 | 5 | 7 | 6 | 5 |
| 1 | 2 | 3 | A | B | C | 1 | 2 | 3 |
| (条件Hをクリアするためにやるべきこと) | | | (キャリア目標を達成するための条件) | | | (条件Dをクリアするためにやるべきこと) | | |
| 8 | H | 4 | H | テーマ(キャリア目標) | D | 8 | D | 4 |
| 7 | 6 | 5 | G | F | E | 7 | 6 | 5 |
| 1 | 2 | 3 | 1 | 2 | 3 | 1 | 2 | 3 |
| 8 | G | 4 | 8 | F | 4 | 8 | E | 4 |
| 7 | 6 | 5 | 7 | 6 | 5 | 7 | 6 | 5 |
| (条件Gをクリアするためにやるべきこと) | | | (条件Fをクリアするためにやるべきこと) | | | (条件Eをクリアするためにやるべきこと) | | |

例として、何らかの形で地元を応援し、活性化させる仕事をしたいと考えている人が作成したマンダラートを掲載します。

**図表9-5　マンダラートの事例**

| | | | | | | | | |
|---|---|---|---|---|---|---|---|---|
| 知らない人にも話しかける | 相手の話をよく聞く | 相手が話しやすい雰囲気をもつ | 成功事例のリソース | 発想法・デザイン力の修得 | 疑問を持つ | 地域をよく知る人と知り合いになる | 観察する目を養う | 他地域と比較する |
| 語彙力を増やす | コミ力 | 話のネタとしての教養 | 失敗例のリソース | 企画力 | いい仲間を持つ | 地元のことを調べる | 地元の課題を知る | 何が問題か把握する |
| わかりやすく話す | 笑顔を心がける | 新聞・ニュースのチェック | 他への適用を考える | 図解する力 | 補助金を調べる | ボランティアに参加してみる | 同じ課題を持つ他地域と仲良くする | 問題の原因を探る |
| 余裕のある計画を立てる | 1日のはじめ予定表を見る | 計画通りの進行か確認 | コミ力 | 企画力 | 地元の課題を知る | 仕事を楽しむ | 達成イメージを持つ | ほかに方法がないか考える |
| 誘われても計画を優先する | スケジュール管理 | 予定表のアプリを入れる | スケジュール管理 | 地元を元気にする社会人 | 諦めない精神 | 遊び心も大事 | 諦めない精神 | うまくいかない原因を探る |
| できたことを可視化する | 友達付き合いも大事に | 計画を修正・再設定する | 地元企業リサーチ | 公務員試験 | ITリテラシー | リフレッシュする趣味もつ | スモールステップにする | 心を強くする |
| 地元企業の種類を調べる | 地域への影響・貢献を調べる | 会社訪問する | 対策講座に参加する | 過去問を解いてみる | 行政に関する本を読む | プレゼンをしてみる | MOSを受験する | よく利用されるアプリ検索 |
| 企業に勤めている人の話を聞く | 地元企業リサーチ | 他地域で貢献する企業を調べる | 試験の日程や会場を調べる | 公務員試験 | 自分の弱い教科を重点的に勉強する | レポート課題でデータ分析してみる | ITリテラシー | IT雑誌を読む |
| 企業インターンシップに参加 | 起業の仕方について調べる | 地域貢献の本を読む | 公務員の仕事を調べる | 公務員の人の話を聞く | インターンシップに参加 | 先生の使い方を見る | できるだけPCを使用する | 関連授業を履修する |

以上の結果、1つのキャリア目標から、8つの条件と64のやるべきこと・必要なことを導き出すことができます。キャリア目標によってはこれだけの数を導き出すことは難しいかもしれません。必ずしもすべてのマスを埋める必要はありませんが、ほかに条件はないか、やるべきことが残っていないか、少し時間をかけてじっくり考えてみましょう。

✏ ワークシート9-1 ……149ページ

✏ ワークシート9-2 ……150ページ

# キャリアプラン
## ─何から始めればいいの、どうやって 計画を立てるの─

🔑 Keyword

自己 PR ポイント
キャリアマップ
自己分析マップ

**本章のねらい**

これまでの発見を活かして、自分だけのキャリアデザインを修正 しながら作成する方法を学びます。また、自己分析の結果をキャ リアマップに表現します。

# シーン ⑩

## 夢に形を、日付を！

 佐々木 : これまで、職業や業界のことから自己分析の仕方まで、いろんなことを学んで、以前よりも将来のことが具体的に考えられるようになった気がするわ。

遠藤 : そうだね。就職は一生のことだから、悔いのないようにしなきゃと思う。その方法を具体的に学んで、モチベーションが高まったね。みんなの顔つきも変わってきたよ。

 橋田 : だけど、まだまだ絞りきれない気持ちもあるね。「こうなりたい」という気持ちが長続きしないというか、そのときのフィーリングに左右される人も多いみたいだよ。

遠藤 : 確かに。少し前まで、公務員志望、教員志望の友達も多かったけど、大学の公務員講座、教員講座を受けている人は今はあまりいない。どうしてかな。

 佐々木 : 実は、私も英語の通訳か英語の教師を漠然と考えていたけど、今はしっくりこない。英語が好きとか得意とかで何となく方向を決めていた。でも、何のためかと考えてみるとはっきり説明できない。たとえば、自分が楽しそうに英語の授業を行っているところがイメージできないというか…複雑で説明しにくいけど。

遠藤 : 何となくわかるな。ぼくは佐々木さんと違って特に将来のことは考えていなかったけど、どんな職業に就くのかは一生のことだし、重要なことだと思う。でもまだ早いとか、もう少し後でと逃げていたというか、執行猶予（モラトリアム）を延ばしていたいと思っていただけのような気がする。で、宮川先輩の話だけど、宮川さんは営業でお客さんとの信頼関係や人脈の広がりが魅力といっていた。ぼくには、何となくお客さんや職場の仲間とうれしそうにパーティーしている自分の姿が浮かぶ。ドラマで営業マンとかがお客さんに握手され「本当にありがとう」と感謝されるシーンにぐっとくるんだ。

佐々木：そういえば、私は母の勧めで母の職場のアミューズメントパークを見に行った。それまでに遊びに行ったときと違ってお客さんや従業員の人たちの姿が印象的だったわ。父がいっていたのよ。母が仕事を続けているのは「ずっとみんなの笑顔を見ていたいから」なんだって。そうか、母は面白いイベントや話題になる施設を作りたいからじゃなく「笑顔を見たいから」頑張ってたんだってわかって、なんか母を見直しちゃった。

橋田：公務員講座に出なくなった人たちは「公務員になってどうしたい」ということがなかったんじゃないのかな。だからブレちゃうというか、教師もいいかな、学芸員も…ってなっちゃうんじゃないかな。佐々木さんのお母さんの話じゃないけど、職業の本質的な目標について、もっとしっかり考える必要があるよね。

　ぼくがゲーム業界で将来ヒットゲームをプロデュースしたいと考えていたのは、「ゲームが好き」という理由だけだと思っていた。でも、実は、ぼくの作ったゲームで、世界中の子どもたちが喜んでいる姿を想像していたということに気づいた。小学生のとき、スーパーマリオを父さんと一緒にやったときの楽しさを思い出す。あの感動を、今度はぼくが子どもたちに届けるんだ。まだ自信はないけど…。

遠藤：橋田はすごいな。でもそういうことだよね。

橋田：この前「夢に日付をつけましょう」って先生が言っていた。

遠藤：キャリアセンター講座の先生も同じことを言っていた。

橋田：PDCA（Plan Do Check Act）だね！　夢に向かってスケジュールを立てることによって、具体的にする。

佐々木：そう、ともかく前に進める。うまくいかなかったら、その原因をチェックして修正して、また前に進むことができる。

遠藤：漠然とした夢でなく、さっき橋田がいっていた本質的「目標」だね。具体的に、夢に「形」を与えてやるんだ。橋田は具体的でうらやましいよ。「夢に形を、日付を」だね。

## 10.1 キャリアを考えるための準備

本書の第1章からキャリアについて考えてきた皆さんであれば、自分の未来について思い描き、そして行動を起こしたくなっていることでしょう。自分自身がどのようなタイプで、どのような価値観で社会人として活動し、そしてどのような目標を達成するのか、自分自身を分析してきました。さらに業界や企業の分析の方法も学んできたのですから、夢に向かって今すぐに行動を起こしたくなっているはずです。

ですが、行動を起こす前には、しっかりとした準備が必要です。これまでの学生生活の中で皆さんは資格取得やスポーツでの成績など、様々な目標を持って取り組んできたと思います。ですがすべてが成功しているわけではなく、当初は勢いと気合いも十分で始めたけれども、途中で投げ出してしまうことやうまくいかず目標達成できなかったことがあるのではないでしょうか。

なぜ、目標を立て計画も考えたのに、うまくいかないのでしょうか。**それは3つの要因**が考えられます。**第1は、その計画自体に無理があり、実行できない内容であるため長続きしない**ことです。大きい目標であるほど長い時間が必要であり、たとえ小さい目標であっても簡単には達成できるものではありません。目標を達成するには相応の時間がかかるので、その長い時間を乗り切るためには無理がなく、実行可能な内容とスケジュールでなければなりません。

皆さんが日商簿記検定やTOEIC、日本語能力試験などを取得したいのであれば、試験日はあらかじめ決まっていますから、今から試験日までの期間中に勉強量の配分や確認ポイントをうまく設定しなければなりません。また、MOS（Microsoft Office Specialist）であれば随時試験と定期試験がありますから、設定は試験形式の選択から始める必要があります。共通していえることは一夜漬けでは到底、合格は難しいということです。毎日、コツコツとコンスタントに取り組めて、あまり負担にならず、そして飽きないように随時、確認ポイントを含んだ計画にする必要があります。

**第2は、常に確認と修正を行わなければならないものの、それができていない**ということです。PDCAサイクルという言葉を聞いたことがあるでしょうか。これは、主に企業での業務管理で用いられている概念で、物事を進めるには、Plan（計画を立て）、Do（実行し）、Check（確認して）、Act（改善）を継続して

繰り返しながら業務を改善していかなければなりません。当初の計画が妥当であったとしても、途中で状況が変われば計画を変化させていく必要があります。

さらに、これまでに学んだように、時代とともに市場のニーズは常に変化しており、それに対応して企業や行政、そして様々な組織が求める人材もスキルも変化しています。

たとえば、お寺のお坊さんといえば厳しい修行の結果、担える仕事です。ですが、新型コロナウイルスの影響で多くの方がお参りできない状況になりました。そこで、今ではお坊さんにも IT（Information Technology）スキルが必要になっており、遠隔システムを使った法事や説法を行うスキルが求められています。このように、常に自分が目指す市場や業界、企業、組織が求めるものは何かを考え、計画を修正しながら進めていくことが重要です。

**第3は、自分の目標を高く大きく掲げすぎる**ことです。大きい目標を設けることはすばらしいことですが、それは実現可能でなければなりません。また、今の自分の延長線上にある必要もあります。これまで自己分析で自分の強みと弱みを認識してきました。たしかに短所を長所に変えることや長所を伸ばすことはできますが、全く自分と相容れない目標を設定すれば途中の努力は苦しくなりますし、達成も困難になります。

長所が「集中力がある」なのに、目標が「短期アルバイトでいろいろな知識を増やす」であれば、長所と目標がかみ合わず、計画が立てられないかもしれませんし、続けて取り組むことが苦痛になるかもしれません。自己分析をもとに無理のない今の延長線上の目標を設けることが重要です。

このようにキャリアを積み重ねていくには、まず**第1に自己分析の結果を活かしたキャリア目標の設定と、ステップアップ過程からなるキャリアマップ**を作成します。**第2に自己分析マップで自分自身を分解し、理解を深めます。**第3に描いたキャリアマップと自己分析マップを活かし、**進路の分析とマッチング**を行っていくことが重要です。まず、これまでのワークシートや本書の内容を参考に夢を実現する第1準備を進めましょう。

## 10.2 キャリア目標とステップアップ過程による キャリアマップの作成

　では、じっくりと自分自身の「**キャリア目標**」を考えてみましょう。やはり早急に考えるのではなく、段階を追って考えていきます。まず、自分の長所と短所、そして自分の夢を思い出してください。自分の描く夢や目標、これから成長を続けて大学を卒業し社会人になっても成長を続け、最終的に自分が成し遂げたいことを思い描いてください。このとき、先に挙げた計画が失敗する3つの理由に注意しながら、一般的な誰もが憧れるキャリア目標ではなく「今」の自分の延長線上、「未来」の自分を思い描いてください。そして、それは「実現可能」である必要があります。

　つまり、自分自身の成長と成功のビジョンを描いていくということです。言い換えれば「将来、自分はこのような状態でいたい」です。できるだけ具体的に考えてみましょう。イメージが膨らんだらキャリア目標とそのときの状況を具体的な文章にしましょう。

### 図表 10-1　成長と成功のビジョン

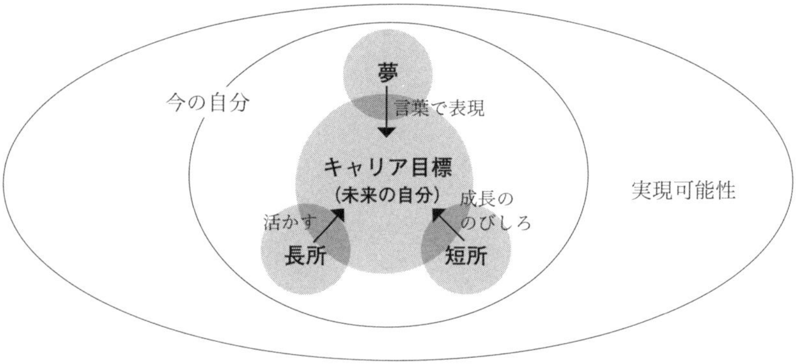

　このとき、単に自分の夢を考えるだけではなく、「**なぜ、働くのか？**」「**何のために働くのか？**」「**どのような将来にしたいのか？**」「**どのような仕事につきたいのか？**」「**どのような企業で働きたいか？**」といった過去の学び、分析の

結果も利用しましょう。

このワークで、皆さんは「今の自分」から「将来、こうありたい自分」へと道を引くことができます。しかし、この道はまだ切り拓かれたばかりで岩もゴツゴツしており、舗装もされていません。これでは進むことに不安を感じますね。

次の段階は、「今」から「未来」への道を整備し、進みやすくすることです。ここでも、先の失敗する3つの要因を思い出してください。無理な工事は失敗しますし、そもそも完成しません。小刻みに進行を確認し、その都度、計画の修正や新たな目標の設定を行います。

その目標の再設定には確認が必要です。「将来の自分のあるべき姿」からターニングポイントの状況を比較して**逆算**し、「将来の自分のあるべき姿」になるため「そのときにどのような状態であるべきか」という**小目標**と、その小目標の達成を分析する**確認ポイント**を設け、そのときはどのような状態であり、どのようなスキルを得ているか、どのような行動ができているか考えてみましょう。そして未達成の場合はどのように行動するべきかも考えてみましょう。これは目標に向けた成長のロードマップであり、**ステップアップ過程**です。

**図表10-2　ステップアップ過程**

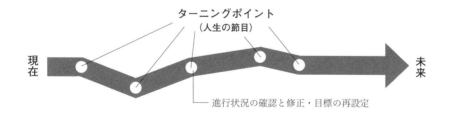

ところで、自分のキャリア目標の設定とステップアップ過程を作成するにあたって、注意することがあります。それは、常に「**自分自身に問いかける**」ことです。簡単に「看護師になる」や「プロ野球選手になる」「営業でトップになる」「起業する」と浅く考えることは、この成長の過程をあいまいにし、欠陥工事につながって計画は失敗してしまいます。より深く、「**なぜ、そうなりたいのか？**」「**どのような状態になりたいのか？**」「**どのように達成するの**

か？」、そして「**本当に自分はこれで納得できるか？**」と自分自身に常に問いかけてください。それが、より具体的な内容にするためのコツとなります。こうして作成したキャリア目標とステップアップ過程を合わせて、**キャリアマップ**が完成します。このキャリアマップをもとに、次の第2段階である自己分析マップを作成しましょう。

## 10.3 ▶ 自己分析マップを作成してみよう

　自分のキャリア計画、いわゆる**キャリアデザイン**ができたら、これに従って実行することになります。しかし、先にも書いたように簡単に達成できるものではありません。そこで、もう少し自分自身を分析してみましょう。これまでの章で自己分析を行ってきましたが、それをもとに「**自分自身の深堀り**」を行って自分の思考を構造化し理解していきましょう。「**敵を知り己を知れば百戦危うからず**」でいうところの「**己**」の部分を知りましょう。

　まず、これまでの学びでわかった自分自身の「**強み**」「**自己PRできるポイント**」「**長所**」などを考えてみましょう。自己分析から見えてきた特徴を参考にしても構いませんし、友人や先生に聞いても構いません。自分の最も誇れる点を考えてみましょう。このとき、**3つの注意点**があります。**第1**に、自分の考え方や目標などとリンクしていることが必要です。スポーツをしているから根性、勉強を頑張ってきたからまじめ、資格勉強を頑張ったから辛抱強いというように一般的な類推で考えるのではなく、自分自身の最も誇れると思う点を探してください。

　**第2**に、「根性がある」「まじめだ」「辛抱強い」というような一般的な言葉で表現した場合はいかがでしょうか。おそらく、こうした言葉を使う人は多いでしょう。しかし、このような抽象的な言葉を使うと、せっかくの皆さんの長所があまり見えませんね。ここでも自分自身に問いかけてください。「どのような根性があるのか？」「どのようにまじめなのか？」「どのように辛抱強いのか？」というように、自分が発見した自己PRポイントをより深堀りし詳細な自己PRポイントを発見してください。

　**第3**に、この自己PRを考える際は自己PRポイントが発揮された過去の経

験も同様に思い出し考えてください。皆さんの自己 PR ポイントは、これまでのいろいろな経験と関連しています。この過去の経験とともに考えることでより具体的な自己 PR ポイントが見えてきます。

　自己 PR ポイントと経験が見つかれば、次に**「短所」**と**「失敗経験」**を考えてみましょう。短所や失敗経験を考える必要があるの？といぶかる人もいるかもしれません。ですが、短所は「ダメなところ」ではなく**「まだ十分に伸ばしきれていないところ」**であり、これから伸ばしていける**「のびしろ」**という見方もできます。また、失敗経験はのびしろを自覚できた貴重な機会であり、皆さんがさらに成長していくきっかけになったエピソードです。ただし、短所を考える際は「自分の悪いところ」「できないところ」「ダメなところ」を探すのではなく、十分に取り組めなかったことや取り組んだものの十分に力が発揮できず不満足な結果になった過去の経験と関連させ探してください。

　なかなか見つからない人は、自己 PR ポイントを関連させて考えてみてもいいでしょう。実は短所は自己 PR ポイントの裏返しであり、**長所（自己 PR ポイント）と短所は表裏一体**の関係にあります。自己 PR ポイントが行き過ぎたもの、周囲の影響から考えれば自分の「のびしろ（＝短所）」が見えてきます。

　こうして自己 PR ポイント（長所）と短所が明らかになったら、それぞれ「ブラッシュアップ」について考えていきます。社会は常に変化しており、今の皆さんの自己 PR ポイントはさらにブラッシュアップされて高度なものへと変わっていかなければなりません。また、短所も同様にブラッシュアップすることで新たな力になり、やがて長所の 1 つになっていくでしょう。どのように自分の自己 PR ポイントや短所といった要素を伸ばしていくか、その方法を考えていきます。成功経験と失敗経験をよくふり返ることで、ブラッシュアップの糸口が見えてきます。このブラッシュアップの方法こそが、これからも皆さんが社会人になっても成長し続けるための重要なエッセンスとなっていきます。

　さて、こうして「今」の自己分析が進んでくると、「現在の自分の状態」と「ブラッシュアップの方法」が鮮明になってきました。ここまで来れば、

皆さんの「現在の自分」がブラッシュアップされ、**アップデートされた「将来の自分」**が見えてきます。自分の自己 PR ポイントが成長していけば、どのような状態へ変化していくか、これまでに記入した自分の分析をもとにして考えてみましょう。ここもできる限り具体的に、そして文章で考えてみましょう。具体的に「○○ができるようになる」というように将来、社会で自分が活躍している情景を想像しながら考えていきますが、単に「○○になっている」と書くだけでは自己 PR ポイントのブラッシュアップにならない点に注意しましょう。

　以上の作業を通して、自分自身のキャリアデザイン、そして自己分析マップが完成します。これで、**「敵を知り己を知れば百戦危うからず」**のうち、「己」が明らかになりますが、これは今の段階の分析結果です。皆さんはこれからも人生の様々なターニングポイントでキャリアデザインと自己分析を繰り返して進行状況の確認と目標の修正・再設定を行い、時代のニーズに応じた成長を続け、最終的にキャリア目標を達成していくことになります。この 2 つのマップはこの後も使い続けます。

　次章では、このキャリアデザインと自己分析マップを活かし、第 3 段階に入ります。

ワークシート 10-1 …… 151 ページ

ワークシート 10-2 …… 154 ページ

# 第11章

# 自己PR
## ―自分のことを他者に伝える―

🔑 **Keyword**

進路
自己PR
志望動機
将来に取り組んでみたいこと

**本章のねらい**

これまでのキャリアに関する様々な学びを統合し、キャリアデザインの手法を修得するとともに、自分を進路先にアピールするために必要な自己PR文、志望動機、そして将来取り組んでいくことを明文化するスキルを身に付けます。

## 夢に具体性とアップデートを！

**佐々木**：自己PR、書けた？

**遠藤**：書いてみたんだけど、あまりしっくりこないんだ。テニスサークルで頑張ってることを書いてるんだけど。

**橋田**：サークル活動を頑張っている学生ってたくさんいるから、みんな同じPR文になってしまいそうだね。

**佐々木**：私はボランティアのことをエピソードにしたわ。地域の外国人の子どもたちを預かっている施設にお手伝いに行ったの。最初は言葉が通じないからどうしようって焦ったけど、とにかく笑顔でコミュニケーション取ろうと頑張った。

**遠藤**：僕にはそういう経験がないからなあ。

**橋田**：でも、前の合宿の企画、部員全員にアンケートとってできるだけみんなが納得するようなプランを作ってたじゃない。わからないことは直接聞いて確かめてたし。あれはなかなか大変だったと思うよ。ああいうきめ細かさはさすがだと思った。

**遠藤**：そうなの？わからないと前に進まないから。

**佐々木**：案外、自分よりほかの人のほうが気づくことが多いのかも。

## 11.1 進路先に伝える方法は？

　前章では、キャリアデザインを作っていくために、何から始めればいいのか、どうやって計画を立てていくのか、ということを学びました。行動を起こす前にしっかりと、そして客観的に準備することが重要でした。そして、3つの段階での準備が重要でした。第1に自己分析の結果を活かしたキャリア目標の設定とステップアップ過程からなるキャリアマップの作成、第2に自己分析マップで自分自身の深堀りによる理解、第3に描いたキャリアマップと自己分析マップを活かし、進路の分析とマッチングを行っていくことです。前章では、この第2段階の準備まで行いました。本章では第3段階の準備、進路や企業の分析、そしてマッチングを行っていくことになります。

　これまでの学びで、様々な分析や考察を行ってきました。その中で自分自身への理解とともに、様々な業界や企業、そして職種があることも理解してきました。これから、実際にインターンシップや就職活動、進学等、進路に向けて行動を起こしていきますが、知識や理解だけでいいのでしょうか。企業や採用担当者、試験官にどのようなアプローチをすればいいのか、不安になる学生もいると思います。このアプローチの材料を作成していくのが第3段階の準備、「進路や企業の分析、マッチング」になります。

　まず、採用や受験を行う際に面接試験がほとんどのケースでありますが、それと同時に「エントリー」や「応募」という「受けます」という意思表明と、履歴書やエントリーシートと呼ばれる書類の提出を求められます。氏名、住所、学歴など、一般的な項目と同時に、**「自己PR」「志望動機」「取り組んでいきたいこと」**（もしくは**「挑戦したいこと」**）が主に質問されます。これは面接、書類の両方で求められます。つまり、この3つが進路先に伝えるべき主な項目となっています。本章のタイトルにある「自分のこと」というのは、主にこの3つで構成されているということです。

　一見すると難しそうに感じますが、実はこれまでに皆さんが行ってきた学びをうまく使っていけばできることです。本章では、これまでの学びを統合し、皆さんのキャリアデザインの成果物である自分自身を伝える3つの要素を作成していきます。

ただし、これは「現時点」のものですので、これからの皆さんの人生のターニングポイントでは、そのときの状況を考慮して再作成していくようにしてください。

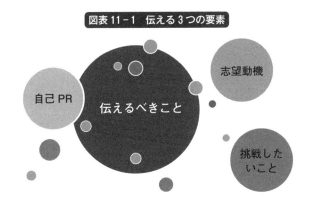

図表 11-1　伝える 3 つの要素

## 11.2　自己 PR 文を作成してみよう

　まずは自己 PR 文から作成していきましょう。自己 PR についてはすでに第 10 章でも触れており、皆さんは自己分析マップを完成させていますから、これをもとにして書いていくだけです。まず、自己 PR とは、相手に自分のことを知ってもらうために作られるものですが、単に自分という存在を伝えるのではなく、自分の「強み」を企業にアピールするものです。この**「強み」**とは「長所」「スキル」「考え方」「行動」「セールスポイント」などの自分の**「資質」**であり、相手が「活躍しそうだ」と感じる判断材料になります。

　まず、自己 PR 文を作成するには、自己分析マップに書いた「自己 PR ポイント」を**一番のアピールポイント**として設定していきます。自分を表現する最もふさわしい言葉を選び、その文章から自分自身をイメージできるものにします。

　次に、アピールポイントを証明する**「経験エピソード」**を書いていきましょう。これも自己分析マップにある経験事例を参照します。過去の様々な活動や取組みを書きながら自己 PR ポイントがどのように発揮されたかを書きましょう。ですが、ここで注意があります。経験エピソードは自分の視点から書くことよって個性が強くなり、自己 PR ポイントを効果的に証明できます。経験エ

ピソードは自己 PR ポイントのエビデンス(証拠)ですから、問題や壁に遭遇して如何にして乗り越えたかなど、読む人を常に意識して、具体的に詳しく書いていきましょう。ただし、経験を書く際は単なる自慢話や説明文にならないようにしましょう。

　最後に、経験エピソードを通じて得た結果や認識した自己 PR ポイントをまとめていきます。その経験エピソードを自己分析し、自らの成長を考えます。この部分で確実に証明された自己 PR ポイントとして効果的に自分の資質をアピールできます。

　作成した自己 PR 文は何度も推敲し、完成度を高めていきましょう。

**図表 11−2　自己 PR の作成の流れ**

### 11.3 進路先の志望動機を作成してみよう

　本書の第 4 章と第 5 章では業界を知り、企業や進路を分析するための手法を学んできました。多くの学生は進路先として知っている企業や大学院、病院、行政組織などを挙げていくと思いますが、「知っている」というだけで選んでいないでしょうか。また、テレビやインターネットで見かけた企業や大学名、行政組織名を挙げていないでしょうか。さらに、「皆が進路として希望するから」と安易に選んでいないでしょうか。「身近な人」や「身近なメディア」を進路先を考える材料の出所とする学生が多くいますが、ここから得られる情報は限定的であり全体のほんの一部にしか過ぎません。さらに言えば、これまでの自己分析で明らかなように皆さんはそれぞれ長所も短所も違い、思い描くキャリアマップも全く異なっています。それなのに、進路先を安易に決めてい

くのは危険ですよね。せっかく作ったキャリアマップが有効に活かせていないことになります。

　つまり、進路先選びは「知っている」や「見たことがある」から選ぶのではなく、「**自分のやりたいことができるか**」「**自分の価値観に合っているか**」を基準に選ぶことが重要です。そのためにも「四季報」や「業界地図」、大学のキャリア支援センターにある資料などを活用し、固定概念にとらわれずに業界や企業を探し、「**業界研究**」「**企業研究**」を行いましょう。そのとき、概要だけでなく「どのような特徴があるか」や、「今後の見通し（成長）の可能性はあるか」といった分析とともに「SDGs（持続可能な開発目標）」や「ESG（環境・社会・ガバナンス）」といった観点にも注目しましょう。これからの企業や行政、医療機関、様々な組織は、こうした社会関連の取組みが維持発展、成長に不可欠となっています。おそらく、皆さんの自己分析マップや自己PRポイントにも大きく関係する要素になります。

　次に、その進路先で自分自身がどのような仕事をするか、「**職種**」も確認していきましょう。どのような職種で採用募集があるのか、そしてその職種はどのような仕事をするのか、資格やスキルを求められるのか等を調べていきます。ただし、自分が希望する部署にすぐに就けないことも多くあります。多くの企業ではジョブローテーション制度を設けており、様々な職種で経験を積んで知識と経験を増やすことを行っています。ここでは「**最終的に自分が就きたい職種があるか**」という視点から考えましょう。

**図表 11-3　進路先を選ぶポイント**

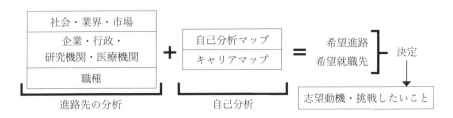

　さて、これで自分が向かうべき業界、進路先や職種が決まりました。次に必要になるのは、「**なぜ、その進路先を選んだのか？**」という理由、つまり「志

望動機」です。志望動機とは、学生が進路先に「なぜ、採用試験を受けるのか」ということを完結に、そして的確に書いたものです。進路先に入った後も高いモチベーションで働いてくれる人材を探すため、志望動機が重視されます。いくら自己PR文で能力が高く評価されても、持てるポテンシャルを発揮してくれなくては意味がないからです。つまり、志望動機は「**高いモチベーションを持っているか**」と「**進路先・社会の分析ができているか**」という2つの視点から評価されます。

**図表11-4　志望動機の作成のポイント**

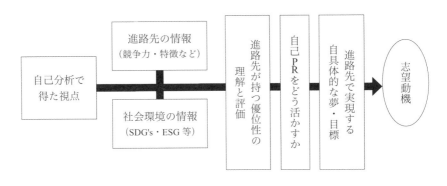

　志望動機を作成する際、以下の3点に注意してください。第1は、自分が希望する進路先に特化することです。その進路先でしか使えない志望動機でなければ効果がありません。業界研究や企業研究等から得た進路先の情報を十分に活かすことが重要です。

　第2は、自己分析の結果や自分の考え方ばかり書いていないかという点です。自己分析の結果は必要ですが、あくまで企業を選び評価する視点であり、それを通して自分が進路先をどのように評価しているかを書くことが重要です。志望動機は自分自身について書くのではなく、進路先を選ぶ理由を表現することが大切です。

　第3に、進路先情報の羅列ではいけないという点です。ホームページや資料の情報を羅列するだけでは進路先を分析したとはいえません。自分の視点から企業の様々な情報を吟味し、自分の言葉で進路先の強みや競争力を書くことが

重要です。

　こうして、自分の視点からみた進路先の分析結果と評価、自己 PR ポイントをどのように活かすのか、どのような夢や目標を達成するかが書かれた志望動機には、「**高いモチベーション**」と「**進路先・社会の分析力**」が表現されます。

## 11.4 ▶ 「将来に取り組んでみたいこと」を作成してみよう

　最後に、進路先に伝えるべきもの、アピールするものとして「将来、その進路先で取り組んでみたいこと」を書いていきます。「10 年後の自分」を想像していくことになりますが、もちろん何でも想像すればいいというわけではなく、志望動機で描いた状態をベースとして未来を考えます。ですが、そのままでは想像しにくいものです。そこで、これまでに作成したワークシートを活用します。つまり、「将来、取り組んでいきたいこと」を考えることは、これまでの学びの集大成となります。

　まず、「将来に取り組んでみたいこと」を考えるにあたり、第 10 章の**ワークシート 10-1** の**キャリアマップ**を使います。これは皆さんが学生生活を過ごし、そして社会人となっても成長を続けていく過程を書いた成長のロードマップでした。その中には社会人になって○年後という欄があり、現状の延長線上でそのときの状況を想像しました。これをもとに、自分の成長の集大成、理想の社会人像を設定します。

　次に、進路先の**志望動機**をもとに、取り組んでいきたい業務や事業内容をより深く分析していきます。その際、SDGs や ESG といった社会的問題や、業界や市場が抱えている特有の問題を「大きいニーズ」と捉え、業務を通してどのようにニーズに応えるかという提案と考えれば作成しやすいでしょう。その際、**自己分析マップ**を使って自己 PR ポイントを持った理想の社会人になった自分が、どのように提案を実行して目標を達成するか、より具体的に考えていきます。

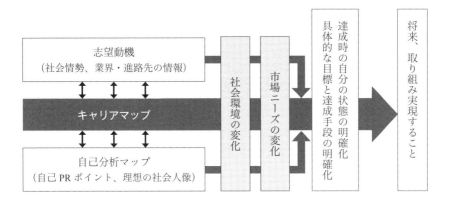

**図表 11−5　「将来に取り組んでみたいこと」作成のポイント**

志望動機
（社会情勢、業界・進路先の情報）

キャリアマップ

自己分析マップ
（自己 PR ポイント、理想の社会人像）

社会環境の変化

市場ニーズの変化

達成時の自分の状態の明確化
具体的な目標と達成手段の明確化

将来、取り組み実現すること

## 11.5　キャリアデザインを見直そう

　社会は変化し続けており、「今」の自分のままでは対応できなくなります。常に自分と自分を巡る環境を客観的に分析し、自分のキャリアデザインを見直し、成長し続けて変化に対応していかなければなりません。

　そのとき、本章で学んだ手法を有効に使うことができます。そのときの自己分析、社会や市場の変化の理解と分析、進路先の戦略分析、そして分析結果を統合して自分用のキャリアプランを自らデザインし実行しましょう。そして、「人生 100 年時代」と呼ばれる時代を強く生き抜いていきましょう。

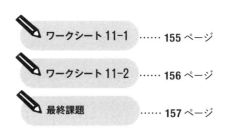

ワークシート 11−1　……　**155** ページ

ワークシート 11−2　……　**156** ページ

最終課題　……　**157** ページ

## 参考文献—さらに理解を深めたい人のために—

【第1章】

「『キャリア形成を支援する労働市場政策研究会』報告書」
　　厚生労働省職業能力開発局　2002（平成14）年7月31日

「キャリア教育の推進に関する総合的調査研究協力者会議報告書」
　　文部科学省　2004（平成16年）1月28日

「将来就きたい職業」クラレ
　　kuraray.co.jp/enquete/2021

「選ぶをもっと楽しくエラブル　大人のなりたい職業ランキングTOP10」PLAN-B
　　elabel.plan-b.co.jp/job-change/6423　　．

【第2章・第3章】

『大学生のためのキャリアデザイン入門』
　　岩上真珠・大槻奈巳 編　有斐閣　2014年

『LIFE SHIFT』
　　L. グラットン・A. スコット 著　池村千秋 訳　東洋経済新報社　2016年

『考える力を高めるキャリアデザイン入門—なぜ大学で学ぶのか—』
　　藤村博之 編　有斐閣　2021年

「2020年『業歴30年以上の"老舗"企業倒産』調査」東京商工リサーチ
　　www.tsr-net.co.jp/news/analysis/20210203_01.html

【第4章・第5章】

『内定獲得のメソッド　業界＆職種研究ガイド2024年度版』
　　マイナビ出版編集部 編著　マイナビ出版　2022年

【第6章】

『チーズはどこへ消えた?』
　　スペンサー・ジョンソン 著　門田美鈴 訳　扶桑社　2000年

『クリエイティブ都市論—創造性は居心地のよい場所を求める—』
　　リチャード・フロリダ 著　井口典夫 訳　ダイヤモンド社　2009年

『GAFA next stage ガーファ・ネクストステージ—四騎士＋Xの次なる支配戦略—』
　　スコット・ギャロウェイ 著　渡会圭子 訳　東洋経済新報社　2021年

『教養としてのデータサイエンス』
　　北川源四郎・竹村彰通 編　講談社　2021年

『データサイエンス入門』
　　竹村彰通・姫野哲人・高田聖治 編　学術図書出版社　2021年

『ニューズウィーク日本版特別編集 成功するDX2022』
　　メディアハウスムック 編　CCCメディアハウス　2022年

「APAC 就業実態・成長意識調査」パーソル総合研究所
　　rc.persol-group.co.jp/thinktank/data/apac_2019.html

## 【第 7 章】

「Self-discrepancy:A theory relating self and affect.」
　　Higgins, E. T. *Psychological Review*, 94, pp. 319-340. 1987 年

『アイデンティティとライフサイクル』
　　エリク・H・エリクソン 著　西平直・中嶌由恵 訳　誠信書房　2011 年

『ホランドの職業選択理論―パーソナリティと働く環境―』
　　J. L. ホランド 著　渡辺三枝子・松本純平・道谷里英 訳　一般社団法人雇用問題研究会　2013 年

『大学生として学ぶ自分らしさとキャリアデザイン』
　　高丸理香・宇賀田栄次・原田いづみ 編　有斐閣　2021 年

『自立へのキャリアデザイン　第 2 版―地域で働く人になりたいみなさんへ』
　　旦まゆみ 著　ナカニシヤ出版　2021 年

## 【第 8 章・第 9 章】

『超メモ学入門 マンダラートの技法―ものを「観」ることから創造が始まる―』
　　今泉浩晃 著　日本実業出版社　1988 年

『改訂版アサーション・トレーニング―さわやかな〈自己表現〉のために―』
　　平木典子 著　金子書房　2009 年

『アサーション・トレーニング　深く聴くための本』
　　森川早苗 著　金子書房　2010 年

書籍・報告書・WEB サイトを発行年順に掲載
WEB サイトの確認日：2023 年 3 月 1 日

# ワークシート

提出用ワークシート用紙
切り取って利用してください

1. 厚生労働省のホームページ「職業情報提供サイト jobtag」にアクセスして、あなたが関心のある職業を探してみよう。◆ https://shigoto.mhlw.go.jp/User/

2. あなたの選んだ職業を記入しましょう。

3. その職業について文章で説明しましょう。ポイントを外さないように簡潔に。

【選択した職業】

4. 次のページに図・絵を使って、その職業の「見せる資料」として作成しよう。

※ルーズリーフや白紙の用紙に手書きで書き、写真を撮って貼り付けても結構です。

　※選択した職業に関連のサイトや文献を調べてみましょう。

番号　　　　　　　　　　　　　氏名

ワークシート1−2

1. 卒業後の人生の幸せや夢、あるいは目標について考えましょう。今の自分に手が届くことではなく、本当にかなえたいことを考えましょう。

2. その幸せや夢を実現するため、目標を達成するためには必要なことは何かを考えましょう。

番号　　　　　　　　　　　　　氏名

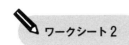

あなたのライフデザインを作ってみましょう。予測できない社会の変化が起こるかもしれません。あなた自身の人生ナビゲーションは、どこへたどり着くのでしょう。

※選んだものに自由に書き込んだり、線でつないだりしてみましょう。

| 就職 | 結婚 |
|---|---|

| ものを作る仕事<br>（　　　　　　　　） | 結婚している<br>私が働く |
| オフィスでの事務<br>（　　　　　　　　） | 結婚している<br>配偶者が働く |
| 資格や専門知識を活かした仕事（　　　　） | 結婚している<br>2人とも働く |
| ものを売る<br>（　　　　　　　　） | 結婚していない<br>1人暮らし |
| サービスの仕事<br>（　　　　　　　　） | 結婚していない<br>親と同居している |
| その他<br>（　　　　　） | その他<br>（　　　　　　） |

現在の自分
年　月　日
大学
年（回）生

番号　　　　　　　　　　　氏名

【これから想定されるリスクの例】

1. 感染症、国際紛争や侵略、大規模自然災害などのリスク増加
2. 地球温暖化対応に伴う燃料、穀物等コスト上昇
3. アジア諸国の経済発展と日本経済の停滞
4. 少子高齢化の進展と社会保障と税の負担増加
5. 国内市場の停滞と日本企業の競争力低下

| 子ども | 生涯学習・社会参加 | 10年後の私 |
|---|---|---|
| いる（　　）人<br>私が育児をする | 職業のスキルアップ | 幸せな暮らし |
| いる（　　）人<br>配偶者が育児をする | 健康増進 | |
| いる（　　）人<br>2人で育児をする | 社会人大学など | |
| いる（　　）人<br>夫婦の親に依頼する | ボランティア活動<br>（　　　　　　） | 夢半ば |
| いない<br>（　　　　　　） | 自治会、PTAなど<br>（　　　　　　） | |
| その他<br>（　　　　　　） | その他<br>（　　　　　　） | その他 |

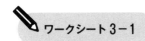

ワークシート3−1

　あなたの身近な人(たとえば、父母、兄姉、おじおば、先輩など)に職業や仕事に
ついてインタビューを行いましょう。

　　※インタビューが難しい場合は、インターネットで「職業インタビュー」などと検索したうえ
　　　で、書き込んでください。

1.　職業の名前は何ですか？

2.　この職業に就いて何年目ですか？

3.　具体的な仕事の内容はどのようなものですか？

4.　なぜこの職業を選んだのですか？

5.　この職業はどのような人に向いていると思いますか。また、どのような資格や
　　免許が必要ですか？

番号 _____　　　　　氏名 _____

6. この職業に就いてよかったと思うことはどのようなことですか？

7. 仕事をしていて、つらいと思うのはどのようなときですか？

8. 何のために働いていますか。お金を稼ぐ以外の目的はありますか？

9. これからの職業や人生における夢を教えてください。

10. 職業や進路、人生について、大学生に助言をお願いします。

128

インタビューを終えてみて、今後のあなたの人生や職業について参考になったことやあなたの考えを、300字程度で以下にまとめましょう。

番号　　　　　　　　　　　　　　　氏名

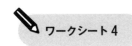
ワークシート4

　自分の調べたいと思う業界を1つ選び、以下の情報をウェブサイトなどで調べてわかったことを書き込もう。

調査日：　　　　年　　　月　　　日

○基本情報

| 業界名 | |
|---|---|
| 業界(市場)の規模 | |
| 平均年収 | |
| 平均年齢 | |

○業界データ

| 業界の概要 | |
|---|---|
| 近年の動向 | |
| 将来性 | |
| 課題 | |
| 関連職種 | |
| 関連キーワード | |

番号　　　　　　　　　　　　　　　氏名

○主な企業と業界内でのシェアや特徴

| 企業名 | |
|---|---|
| 業界内でのシェア<br>や特徴 | |

※シェア……その企業の販売数量または売上高が，業界内でどの程度の割合を占めているか。市場占有率。

○自分データ

| この業界に<br>興味を持った<br>きっかけや理由 | |
|---|---|
| 活かせる能力や<br>スキル | |

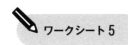
**ワークシート5**

あなたの関心のある業界から2社を選び、次の情報を調べて比較してみよう。

（枠の幅は自由に広げてください。）

調査日：　　年　　月　　日

| 業界名 | | | |
|---|---|---|---|
| | | 企業1 | 企業2 |
| ○基本情報 | 企業名 | | |
| | 最寄り駅 | | |
| | 設立年 | | |
| | 資本金 | | |
| | 社員数 | | |
| | 営業所 | | |
| | 売上高（年間） | | |
| | 福利厚生 | | |
| | 基本給 | | |
| ○事業内容 | 同業他社との比較（強み・弱み） | | |
| ○自分のこと | 興味を持った理由、興味のあるポイント（社風や特徴など） | | |
| | 聞いてみたいこと、疑問点 | | |

番号　　　　　　　　　　　　　氏名

✎ ワークシート 6 − 1

　自分が将来やってみたい業種や職業について、インターネットの検索機能を活用して、トレンド分析資料を探してみてください。

　　※「6.3 トレンドを分析する ─変化を知る─」を参照して、インターネット検索してみましょう。

　　※キーワードを使った検索のほか、Google の画像検索を使って、トレンド分析のグラフを検索してみてください。

1.　将来働いてみたい企業や業種を記述しよう。

2.　インターネットの検索機能を活用して見つけたトレンド分析資料について、タイトル、スクリーンショット、URL などを記述しよう（1 件以上）。

3.　調査を終えて、思ったこと、感じたこと、将来の職業選択について考えたことなどを記述しよう。

番号　　　　　　　　　　　　　　　氏名

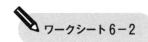

働いてみたい企業の将来を予想してみよう。

1.　将来進みたい業種、働いてみたい企業を1つ選んで、今後10年間の折れ線グ
　　ラフを描いてみよう。そして、変曲点を見つけて考察しよう。

◆手順

① 　インターネットで情報を集める

② 　企業の売上データや統計局のデータなどをもとに10年間のグラフを作成する

　　（例：e-Stat 統計で見る日本　https://www.e-stat.go.jp/）

③ 　変化のある時点を見つけ出し、考察してみる


グラフ：




考察：

番号　　　　　　　　　　　　　　　氏名

2. 今後の予想を立てて、その対策案について考えてみよう。

3. この分析を終えて、思ったこと、感じたこと、将来の職業選択について考えた
   ことなどを記述しよう。

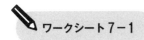
ワークシート 7-1

これまでの私をふり返ろう。

| | どのような毎日だった? どのように過ごしていた? | うれしかったこと、なぜそう感じたのか? 困難を乗り越えたこと、どのように乗り越えたか? | 好きなこと、趣味は? どのようなところにはまっているか? | 仲のよい人物、あこがれの人物、尊敬する人物は? どのようなところに魅力を感じているか? |
|---|---|---|---|---|
| 大学入学後 | | | | |
| 高校入学後（大学入学まで） | | | | |
| 中学校入学後 | | | | |
| 小学校入学後 | | | | |

番号　　　　　　　　　　　氏名

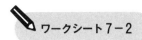

1. "現在"の自分を思い浮かべて、あてはまる項目に○をつけよう。○の数が多い
   順に、上位3タイプの(　)に1～3をつけよう。

【現実の自分】

| (　)現実的タイプ |
| --- |
| 大勢に順応する |
| 誠実な |
| 物質主義的 |
| 自然な |
| 通常の |
| 粘り強い |
| 実利的 |
| 現実的な |
| 目立たない |
| 断固とした |
| 控え目な |

| (　)研究的タイプ |
| --- |
| 分析的 |
| 注意深い |
| 複雑 |
| 批判的 |
| 自立的 |
| 知的 |
| 内省的 |
| 急進的 |
| 好奇心旺盛 |
| 几帳面 |
| でしゃばらない |

| (　)芸術的タイプ |
| --- |
| 感情的 |
| 表現力に富む |
| 理想主義的 |
| 想像力に富む |
| 自立的 |
| 内省的 |
| 直感的 |
| 反体制的 |
| 開放的 |
| 独創的 |
| 感受性が強い |

| (　)社会的タイプ |
| --- |
| 協力的 |
| 共感的 |
| 寛容 |
| 頼り甲斐がある |
| 親切な |
| 説得力がある |
| 信頼できる |
| 社交的 |
| 機転が利く |
| 温かい |
| 忍耐強い |

| (　)企業的タイプ |
| --- |
| 冒険心 |
| 野心的 |
| 精力的 |
| 熱心 |
| 強気 |
| 楽天的 |
| 機転が利く |
| はっきり主張する |
| 外向的 |
| 社交的 |
| 自信家 |

| (　)習慣的タイプ |
| --- |
| 用心深い |
| 順応的 |
| 良心的 |
| 内気 |
| 規則正しい |
| 従順な |
| 行儀のよい |
| 粘り強い |
| 実利的 |
| 徹底的 |
| 倹約家 |

番号　　　　　　　　　　氏名

2. 「ホランドの職業興味に関する 6 タイプ」(79 ページ)、ワークシート 7-1 でふり返った「これまでの自分」を参考にしながら、あなたの「自分らしさ」を文章化しよう。

1. "理想"の自分を思い浮かべて、あてはまる項目に○をつけよう。○の数が多
   い順に、上位3タイプの（　）に1～3をつけよう。

【理想の自分】

| （　）現実的タイプ | （　）研究的タイプ | （　）芸術的タイプ |
|---|---|---|
| 大勢に順応する | 分析的 | 感情的 |
| 誠実な | 注意深い | 表現力に富む |
| 物質主義的 | 複雑 | 理想主義的 |
| 自然な | 批判的 | 想像力に富む |
| 通常の | 自立的 | 自立的 |
| 粘り強い | 知的 | 内省的 |
| 実利的 | 内省的 | 直感的 |
| 現実的な | 急進的 | 反体制的 |
| 目立たない | 好奇心旺盛 | 開放的 |
| 断固とした | 几帳面 | 独創的 |
| 控え目な | でしゃばらない | 感受性が強い |

| （　）社会的タイプ | （　）企業的タイプ | （　）習慣的タイプ |
|---|---|---|
| 協力的 | 冒険心 | 用心深い |
| 共感的 | 野心的 | 順応的 |
| 寛容 | 精力的 | 良心的 |
| 頼り甲斐がある | 熱心 | 内気 |
| 親切な | 強気 | 規則正しい |
| 説得力がある | 楽天的 | 従順な |
| 信頼できる | 機転が利く | 行儀のよい |
| 社交的 | はっきり主張する | 粘り強い |
| 機転が利く | 外向的 | 実利的 |
| 温かい | 社交的 | 徹底的 |
| 忍耐強い | 自信家 | 倹約家 |

番号　　　　　　　　　　氏名

２．理想的に成長した自分の姿を文章化しよう。

３．ステップ2でまとめた現在の「自分らしさ」に加えて、どのような面が成長するとあなたの理想に近づくでしょうか。あなたの成長のポイントを書き出してみよう。

ワークシート 7-1 ～ 7-3 を参考にして、あなたの強み／弱みを整理しよう（関心のある職業や将来像を想定しよう）。

|  | 強み | 弱み |
|---|---|---|
| 知識 |  |  |
| 資格 |  |  |
| 技術 |  |  |
| 態度 |  |  |

◎職業・将来像など（　　　　　　　　　　　　　　　　　　　　　　　　）

※**ワークシート 8-3** まで実施したら、**ワークシート 8-1** に戻って、この 1 年間で開発目標とする「強み／弱み」項目を選ぼう。

番号　　　　　　　　　　　氏名

ワークシート 6-1、6-2 を参考にして、あなたが関心のある職業や将来像について、機会(追い風)と脅威(逆風)を考えよう。

| | 機会 | 脅威 |
|---|---|---|
| 社会全体の動向 | | |
| 業界内部の動向 | | |

※社会全体の動向を考えるヒント

- ・人口構造(少子高齢社会)
- ・ヒト、モノ、カネ、情報のグローバル化の加速
- ・環境とエネルギーの問題
- ・東アジア地域の台頭
- ・感染症による社会変化

- ・世界的金融不安と不安定な景気動向
- ・世界的平和と局地的紛争
- ・リーダー不在の政局
- ・情報メディアの発達とサイバー攻撃
- ・食の安全と健康
- ・人工知能などの技術開発

※業界内部の動向を考えるヒント

- ・業界内の他社の動向
- ・新規参入の動向

番号　　　　　　　　　　　　　　氏名

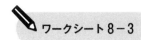
ワークシート 8-3

　ワークシート 8-1、8-2 の結果から、以下を考えてみよう(考えやすいものを選択してください)。

●強みを活用して、機会を活かす対策

●強みを活用して、脅威を回避する(乗り切る)対策

●弱みのために、機会を喪失しない対策

　※この結果を参考にして、**ワークシート 8-1**に戻り、開発目標としたい強み／弱み
　　項目に★印をつけよう。

番号 _____　　　　　氏名 _____

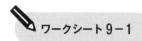
ワークシート9-1

あなたが達成したい目標をマンダラートで分析してみよう。

|  |  |  |  |  |  |  |  |  |
|---|---|---|---|---|---|---|---|---|
|  |  |  |  |  |  |  |  |  |
|  |  |  |  |  |  |  |  |  |
|  |  |  |  |  |  |  |  |  |
|  |  |  |  | キャリア<br>目標 |  |  |  |  |
|  |  |  |  |  |  |  |  |  |
|  |  |  |  |  |  |  |  |  |
|  |  |  |  |  |  |  |  |  |
|  |  |  |  |  |  |  |  |  |

番号 _____　　　　氏名 _____

ワークシート 9−2

あなたのライフ・コンセプト（大切にしたいもの）と "あなたの就きたい職業" や "あなたが興味を持っている企業" のコンセプトがどのようにフィットするのかを図解してみよう。

番号　　　　　　　　　　　　氏名

　これまでの学びを統合し、自分のキャリアの目標と過程を考え、キャリアマップを作成しよう。目標はできる限り詳しく具体的に書いてください。

1. キャリア目標

2. 次に将来、キャリア目標を達成している状況を想像し、できるだけ詳しく書いてください。

3. キャリアを達成する状況に至るため、あなたはどのように成長しなければならないでしょうか？自分の「長所をどのように活かしていくか」「短所をどのように克服していくか」など、「今」の自分の状態と比較し考慮しながら、成長の方向性を考えてみましょう。

番号　　　　　　　　　　　氏名

4. キャリア目標を達成するため「今」と「成功した未来」の期間、どのように成長し、その成長を確認していけばいいか、今後の人生のポイントで「成功した未来」から逆算して小さい目標を設定しましょう。

| 3 回生の自分 | |
|---|---|
| 成長の小目標 | |
| 成長の確認<br>ポイント | |
| 小目標未達成の<br>場合の行動 | |

↓

| 4 回生の自分 | |
|---|---|
| 成長の小目標 | |
| 成長の確認<br>ポイント | |
| 小目標未達成の<br>場合の行動 | |

↓

| 卒業時の自分（学生時代の成長の最終到達点） | |
|---|---|
| 成長の小目標 | |
| 成長の確認<br>ポイント | |
| 小目標未達成の<br>場合の行動 | |

↓

| 社会人5年後（仕事を覚えてスタッフとして一人前になった頃） | |
|---|---|
| 成長の小目標 | |
| 成長の確認<br>ポイント | |
| 小目標未達成の<br>場合の行動 | |

↓

| 社会人10年後（仕事ができるようになり、目標に向けて動き出した頃） | |
|---|---|
| 成長の小目標 | |
| 成長の確認<br>ポイント | |
| 小目標未達成の<br>場合の行動 | |

↓

| キャリア目標に挑戦するときの状態 | |
|---|---|
| 成長の小目標 | |
| 成長の確認<br>ポイント | |
| 小目標未達成の<br>場合の行動 | |

↓
キャリア目標の達成
↓
新しい目標の設定
↓
次の計画設定と実行

自己分析マップを作成しよう。

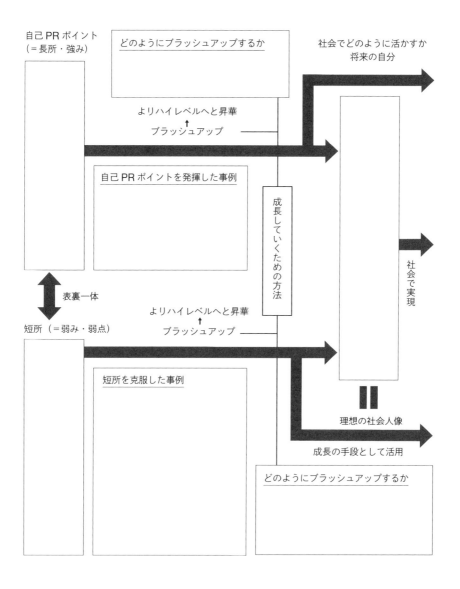

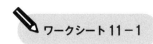ワークシート 11-1

自己分析マップ（ワークシート 10-2）をもとに進路先の分析マップを作成しよう。

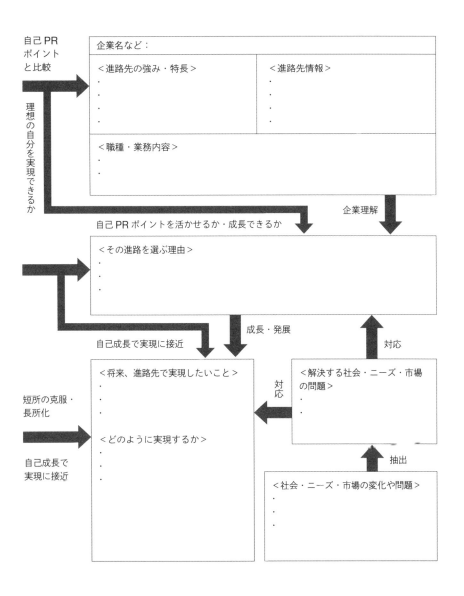

番号 _____ 氏名 _____

進路先に向けたエントリーシートを作成しよう。

第 1 章からこれまでのすべてのワークシートを参照して、進路先に向けたエントリーシートを作成します。各項目、おおよそ 200 文字程度で作成してみよう。

1.　自己PR

2.　志望動機

3.　実現したいこと

番号　　　　　　　　　　　　　氏名

 最終課題

1．テンプレートに従って「自己アピール」を PowerPoint で作成しよう。

　　　　　テンプレートファイル◆ https://www.9640.jp/books_945/

2．「自己アピール」の発表原稿(1,250 字程度)を Word で作成しよう。

【プレゼンについて】

①　後日、指定された授業回でプレゼンテーションを実施します。

②　発表は一人 <u>5 分以内</u> とします。

③　グループ内発表では全員行います。優秀な作品については、全体プレゼンを行います。

【プレゼン実施日】

グループ：○○年○○月○○日○限目

全　　体：○○年○○月○○日○限目

---

● ● ● 自己アピール

　○ 学部・学科・専攻

　○ 学籍番号

　○ 氏名

　　　　　　　　　　　<プレゼンの日付→>2022/07/xx

<最終課題の自己アピールは、自己分析マップ、企業分析マップ等、これまでの課題を振り返りながら作成します。>

---

● ● ● プロフィール/自己分析

　○ ・・・

　○ ・・・

<あなたの人柄や取得した資格、趣味、現在までに経験したこと(バイトも含む)、頑張っていること等、簡単なプロフィールを入力します。>

### 人生で大切にしたいもの

- ・・・（夢、キャリア目標、価値観等）
- ・・・（その理由を解説）

＜人生の夢、キャリア目標、価値観等を入力します。また、その理由の解説も入力します。＞

---

### わたしの　強み／弱み

- 強み・・・

- 弱み・・・

＜「強み」と「弱み」を入力します。「強み」はそれが発揮された事例を、「弱み」はどのようにして克服するのか、あるいはカバーするのかも簡単に入力します。＞

---

### 希望する業界

- ○○（業界名）
- ・・・・・・・・（理由と展望）

＜希望する業界を入力します。まだ明確でなくても構いません。現段階の考えで結構です。また、簡潔に理由を説明するとともに、将来の展望を入力します。＞

---

### 希望する企業・団体

- ○○（企業・団体名）
- ・・・・・・・・・・・（内容）

＜希望する企業・団体を入力します。まだ明確でなくても構いません。現段階の考えで結構です。内容は、企業の強み、特長を簡潔に説明するとともに、将来展望を入力します。＞

---

### 希望する職種

- ○○（職種名）
- ・・・・・・（内容）

＜希望する企業・団体で、あなたが希望する職種を入力します。まだ明確でなくても構いません。現段階の考えで結構です。内容は、その職種の業務、特長、求められるスキル、能力等を簡潔に説明します。＞

---

### 将来、その企業で挑戦したいこと

- ○○・・・（挑戦したいこと）
- ・・・・・・（内容）

＜希望する企業・団体で将来、何に挑戦したいのか、その内容を簡単に入力します。自分の強み、企業の事業内容、社会問題等と合わせて考えます。＞

---

### 企業・団体で挑戦することに向けたこれからの計画

- 2年生・・・

- 3年生・・・

- 4年生・・・

＜将来の挑戦を成し遂げるため、学生生活をどのように過ごすか、強みと弱みをどのように伸ばすか等、学年ごとに具体的に入力します。＞

著者紹介

**藤木清**〔ふじききよし〕 （関西国際大学・教授）　編者／8 章・9 章・シーン

関西学院大学大学院商学研究科博士課程後期課程満期退学。『知のワークブック』（くろしお出版 2006 年、編著）（日本創造学会著作賞受賞）、『リサーチ入門』（くろしお出版 2013 年、共著）「関西国際大学における学習到達度の現状と課題」『IDE- 現代の高等教育 605』（IDE 大学協会 2018 年 11 月号）

**竹田茂生**〔たけだしげお〕　編者／シーン

上智大学文学部社会学科卒業。（株）日経リサーチ調査研究部長、関西国際大学教授を経て地域創生研究所所長。2017 年逝去。『老舗企業の研究』（生産性出版、共著）（実践経営学会賞）、『マーケティングの新しい視点』（嵯峨野書院、共著）、『知のワークブック』（くろしお出版）（日本創造学会著作賞）、『リサーチ入門』（くろしお出版 2013 年、共著）

**垣内明男**〔かきうちあきお〕 （関西国際大学入試広報部・部長）1 章

大阪外国語大学外国語学部デンマーク語学科卒業。リクルートエージェント（現リクルート）神戸支社長、Aquent Inc. 西日本統括本部本部長を経て、現職

**岡村克彦**〔おかむらかつひこ〕 （元・関西国際大学経営学部・教授）2 章・3 章

東京大学経済学部経済学科卒業。全日本空輸（株）を経て関西国際大学経営学部教授（前職）。『航空産業入門（初版）』（東洋経済新報社 2008 年、共著）、『エアラインオペレーション入門（初版）』（ぎょうせい 2010 年、共著）『国際航空貨物輸送』（成山堂書店 2016 年、共訳）

**河内山潔**〔こうちやまきよし〕 （関西国際大学経営学部・准教授）4 章・5 章

関西学院大学大学院商学研究科博士課程後期課程満期退学。『国際財務報告論』（中央経済社 2007 年、共著）、「棚卸資産評価問題に関する一考察」『研究紀要 11』（関西国際大学 2010 年）

**山本敏幸**〔やまもととしゆき〕 （関西国際大学社会学部・教授）6 章

上智大学外国語学研究科博士前期課程修了。『大学生の学びを育む学習環境のデザイン』（関西大学出版部 2014 年、共著）、「関西大学のオンラインを活用した授業の取り組みと課題」『大学教育と情報』（私立大学情報教育協会 2020 年、共著）

**田中亜裕子**〔たなかあゆこ〕 （関西国際大学心理学部・准教授）7 章

甲南女子大学大学院文学研究科後期課程満期退学。『やさしく学べる乳幼児の発達心理学』（創元社 2014 年）、「新型コロナウィルス禍が 1 年生に与えた影響と今後の初年次教育の課題」『初年次教育学会誌 13 巻 1 号』（初年次教育学会 2021 年、共著）

**齋藤勝洋**〔さいとうかつひろ〕 （関西国際大学経営学部・講師）10 章・11 章

神戸商科大学大学院経営学研究科博士後期課程満期退学。「新型コロナウイルス禍におけるインターンシップ等体験学習の課題と対策」『地域総合研究所叢書 1』（関西国際大学地域総合研究所 2022 年）、「グローバルスタディにおける発問を活かしたアクティブラーニングと自律的学習への取り組み」『グローバルコミュニケーション研究叢書 2』（関西国際大学グローバルコミュニケーション研究所 2020 年）

本書は、2011 年 4 月小社発行の
『夢をかなえるキャリアデザイン』（竹田茂生・藤木清編）を
全面的に改訂・増補したものです。

本書の関連情報　https://www.9640.jp/books_945/

大学生のための
## 実践 キャリアデザイン

2023 年 5 月 10 日　第 1 刷発行

| | |
|---|---|
| **編者** | ふじきよし たけだしげお<br>藤木清・竹田茂生 |
| **発行人** | 岡野秀夫 |
| **発行** | 株式会社 くろしお出版 |
| | 〒102-0084 東京都千代田区二番町 4-3 |
| | TEL 03-6261-2867　FAX 03-6261-2879 |
| | URL http://www.9640.jp　E-mail kurosio@9640.jp |
| **印刷** | シナノ書籍印刷株式会社 |

**装丁**　工藤亜矢子　　**イラスト**　坂木浩子